子育てマンガ

「心の基地」はおかあさん

やる気と思いやりを育てる親子実例集

大妻女子大学名誉教授・医学博士
平井信義 原作
大谷美穂 マンガ

海野洋一郎 編

KANZEN

はじめに

「温かいお母さん」のイメージが子どもの「心の基地」になる

本書は子育てのバイブルとして数多くのお母さんたちに信頼されてきた『「心の基地」はおかあさん』を、より具体的に理解し、子育てに役立てていただくために、新しくマンガにしたものです。

『「心の基地」はおかあさん』のさわりのエピソードを21話に収め、さらに平井さんの他の主要な著書から、これだけはお母さんに知っておいてほしいというところを11話に収めました。ですから、この本の全32話には、子育て研究の第一人者である平井さんの子育て法のエキス

がいっぱい詰まっています。

母と子のスキンシップが子どもの心に「温かいお母さん」のイメージを刻み込み、それが子どもの「心の基地」になるのです。「心の基地」がある子どもは、決して親を悲しませるようなことはしないで、健全に育ちます。

子育て真っ最中の大谷さんの実感あふれるマンガと平井さんのやさしい語り口の絶妙なコンビが、単純にして奥の深い〈スキンシップ子育てワールド〉へご案内いたします。

マンガを楽しみながら、そのすばらしさが実証されている信頼できる子育ての方法を身につけ、自信をもって、安心して子育てをしていただきたいと思います。

編者

もくじ

カバーデザイン／寒水 久美子
カバーイラスト／大谷 美穂

1章

子どもの目、輝いてますか

――自発性を育てる

1話

すなおな子が「よい子」なのでしょうか？

子どもが小学生になると
うちの子は？
少しおとなしいけれど申し分のないお子さんです
でも中学に入る頃には…
ぽっん
いつまで寝てるの？もう7時半よ
うるせーなまだねむいんだよ
ごろん
早くしないとちこくするわよ
ちこくぐらいでガタガタさわぐな！
オレのすきにやらせろー
があーーっ
あんなすなおな「よい子」だったのに…
すなおな子が本当に「よい子」なの？

1話

すなおな子が「よい子」なのでしょうか?

これからは「ノー」といえる子どもに育てたい。

「よい子」とは、どのような子どものことをいうのでしょうか?

お母さんたちに聞いてみますと、いちばん多いのが「すなおな子」です。多くのお母さんたちにとって、「よい子」とは「すなおな子」のことで、それをわが子にも望んでいるのです。これはわが国のお母さんたちに独特のことだといってもよいでしょう。

なぜなら、欧米の親たちは、子どもに「自分の意見をはっきりいいなさい」と教えるからです。その意見の中には「ノー(いやだ)!」ということも含まれています。ですから、自分が「いやだ」と思うことや「ちがう」と思うことには「ノー」といえる子どもが「よい子」なのです。欧米では「よい子」とは、決して「すなおな子」のことではないのです。

なぜわが国のお母さんたちが子どもに「すなお」であることを望むのでしょう

か？

それは、お母さんたちが子どものころに「すなおであれ」とご両親から要求されたからです。その要求に従って、親のいうことをよく聞いて「すなお」にしていたために「よい子」として評価された子どもが、お母さんになって、同じようにわが子に「すなお」を要求するのです。つまり、自分が親にされたのと同じ育て方をわが子にしてしまうのです。

かつての封建的なタテ社会では、親や目上の人のいうことに従っていれば、それでなにごともなかったのですが、タテ社会が崩れた現在の個人主義的な社会では、従来の「すなお」な「よい子」は生きにくくなったといえるでしょう。

No!
ウチの子ノーがいえるようになったのょ

2話 第一反抗期

ヤダ！
2歳から3歳ぐらいになると第一反抗期が始まる
イヤッ
一人でやる
ヤダ！
自分でー
なんでもイヤ‼
おやつだよ
大好きなチョコレートでも
イヤッ
プイ
はっ
イヤッ チョコ食べる！

イヤイヤばっかりで… 育て方間違ったのかしら
あらそう うちはイヤがなくていい子よ
いいえ！ イヤがいいんです！ 反抗することで自分であることを主張しているんです！
ホ♡
ドキッ
そういえば うちの子 自己主張が弱いみたい
さあ お着替えしようね
自分でやる——
ボタンはまだムリでしょ
やるの
もた もた
はっ
自分でやりたいのね
やったできた
やった——

2話

第一反抗期

なんでも「イヤ」「自分でやる」の時期。自分でやりたい気持ちを大切に。

子どもが発達を終えて落ち着いた青年になるまでに、3回の反抗期があることをご存じでしょうか。

自発性の順調に発達している子どもの多くに、その期間の長短はあっても、また、強い弱いはあっても、必ず反抗期が現れるものです。

第一反抗期は2歳前後から3歳にかけて現れます。

お母さんが命令調で「これを食べなさい」とか「おしっこへ行きましょう」などといいますと、「イヤ!」と答えることが多くなります。前のマンガのように、大好きなチョコレートでも、「イヤッ」といってしまってから、あわてて「食べる」といったりすることにもなります。また、着替えなどを手伝おうとしたり、食べさせようとしたりして子どもに手を貸そうとすると、「自分でする!」といってその手を払いのけます。

しかも、それが子どもの力では無理だと思えるようなことでも、「自分でする！」とがんばるので、反抗期についての理解のないお母さんの目には、強情な子とかわがままな子のように映り、しかったりたたいたりすることになるでしょう。しかし、自発性の順調に発達している「よい子」の姿です。決してしかってはなりません。

昔から、「のれんに腕押し」といわれてきたように、子どもが反抗したら、「そう、自分でやりたいのね」といって、子どもにまかせておきます。それには、お母さんの心にゆとりが必要ですし、早くさせようとする心を抑えなければならないことも起きてきます。

3話
乳児期
おとなしい赤ちゃんは心配です

びえ〜っっっ
一方泣いても放っておかれた赤ちゃんは
だんだん泣かないように
ひっく
おとなしい赤ちゃんね
そう 手がかからなくて「いい子」なの
泣かず笑わず
無表情
コツン
コツン
コツン
ほんとうに「いい子」?

3話

乳児期——おとなしい赤ちゃんは心配です

赤ちゃんは泣くことで自己主張。適切な対応で表情が豊かになります。

自発性※は、生まれつき人間に備わっている力と考えられています。ですから、その発達を妨げないように子育てをすればよいのです。

赤ちゃんの最も大切な自発性の現れは、泣くということです。

赤ちゃんが泣くのは不快感の表明です。お腹がすいたとき、眠くなったとき、おむつがぬれたとき、痛みやかゆみのあるとき、さらにはお相手をしてもらいたいときなどに赤ちゃんは泣きます。泣いて自分の要求をお母さんやお父さんに訴えているのです。自己主張をしているのです。

ですからこの主張を汲んで不快感を取り除いてあげることが、なによりも必要です。泣いたことによって不快感を取り除いてもらうことができたという経験をしますと、赤ちゃんは適切に泣いて自己主張をするようになります。

もし赤ちゃんが泣いても無視して放っておいたら、赤ちゃんはだんだん泣かないようになります。そうなると、おとなしい「よい子」のように思ってしまうお母さんが現れます。それは、お母さんにとって世話の焼けない子どもだからです。しかし、赤ちゃんの立場に立ってみると、自発性にもとづく自己主張をあきらめてしまった状態なのです。

昔の乳児院では、生後6か月をすぎると、おとなしい赤ちゃんばかりになりました。それは、赤ちゃんが泣いても看護婦さんがそれを無視することが多かったからです。遊び相手をしてもらえないので、からだをゆすったり、ベッドの柵にコツコツと頭をぶつけたりして、くせにふけるようになる赤ちゃんがたくさんいました。そのままにしておくと、自発性の乏しい子ども、さらには心の冷たい子どもになり、思春期以後になると非行に走りやすいことが指摘されたのです。

そこで、乳児院では保育士さんを採用するようになり、保育士さんが赤ちゃんのお相手をよくするようになりますと、泣いたり笑ったりする赤ちゃんが多くなり、情緒の発達とともに自発性もまたはっきりと現れてくるようになりました。

※自発性（じはつせい）＝自分から進んで物事を行おうとする性質

4話

いたずら時代

いたずらが自発性を発達させる

ハイハイができるようになると

いたずらが始まる
ぱっ
ヒラ
ヒラ
ヒラ

あーあ
すごいすごい

ぱぱっ
カラカラ
カラ
ビリ
ビリ
ビリ
ビリ
ビリビリ
ビリ

ペタ
家の中シールだらけ
でん
シールはっていいのはここだけに決めようね
他にははっちゃだめよ
ぶーっ
わ〜〜っ
クレヨンはこのカベにはったいたずらがきスペースにして
さっ

4話

いたずらは「よい行動」。大いにいたずらをさせてあげましょう。

いたずら時代――いたずらが自発性を発達させる

はいはいなど、からだの移動ができるようになると、すぐに始めるのが「いたずら」です。くずかごをひっくり返して中のものを散らかしたり、ティッシュペーパーを引き出して空にしたり、障子やふすまに穴をあけたり、マジックでいたずら書きをしたり、次々と「いたずら」をします。お母さんの鏡台などは、子どもにとって実に楽しい「いたずら」の対象になります。

お母さんやお父さんは被害を受けることになりますから、そうした「いたずら」を「悪い子」のすることとしてしかったりたたいたりしてしまうでしょう。しかし、これが自発性を抑圧してしまうのです。親たちにしかられて、「いたずら」をしないおとなしい子どもになったら、それこそ「悪い子」なのです。

からだの移動ができるようになった赤ちゃんにとっては、すべてが珍しい物ですから、なんだろうか、なにが入っているのだろうか、食べられるだろうか――と、あれこれと研究しているのが「いたずら」です。ですから、児童心理学では「探索欲求にもとづく行動（探索行動）」と名づけて、「いたずら」の重要性を指摘しているのです。

「いたずら」は自発性のある「よい子」の姿ですから、絶対にしかったりたたいたりするような「悪い」ことではないのです。むしろ「よい行動」ですから、「いたずら」は大いに許容してあげたいわけです。いたずらされて困るような物は子どもの手の届かないところへしまっておいて、できるだけ「いたずら」をさせてあげましょう。

3歳までが、親たちにとって困るような「いたずら」が多いので、私はこの時期を「いたずら時代」と名づけました。

オモシローイ
ビリ
ビリ
ビリ
ママ……

5話 中間反抗期

ガチャン
ささっ
おてつだいするー♡
あ
がしゃん
ガミガミガミガミガミ
なにやってるのダメじゃない
気にいってたおちゃわんなのに〜
お母さんだってやってるくせに！
親に向かってなんです！
もうおてつだいやんない
ぶー

もぐ
もぐ
その足なんだ 行儀が悪いぞ！
お父さんだって やってるくせに！
あぐらは いいんだ！ 親に向かって なんだ！
娘は小3に なってから 口答えばかりで
親に口答えなんて なまいきだ!!
中間反抗期
口答えは 親を批判できる までに成長した あかしです

5話

中間反抗期
「お母さんだってやってるくせに」対「親に向かってなんです」

小学校2、3年生ごろになると、自発性の順調に発達した子どもは、さかんに「口答え」をするようになります。これは第一反抗期と思春期の第二反抗期の中間に現れる状態ですので、私はこれを「中間反抗期」とよんで、その重要性に注意をうながしています。

この「口答え」は、お母さんが子どもに注意を与えたり、子どもの失敗を非難したりしますと、「お母さんだってやってるくせに！」といって向きなおってくる状態です。

そうなると親としては、「親に向かってなんです！」とどなりたくもなるでしょう。自分が子どものころに、そのようにどなられたのですから……。しかし、子どもの立場に立ってみると、子どもは、お母さんがお皿やコップを割っても、知らん顔をして片付けてしまうのを見ているのですから、そのお母さんから自分だけひどくしかられれば、「お母さんだって！」となるのはあたり前なのです。

子どもは、幼児期には親のいうことを正しいことと信じ込んでいるのですが、小学校2、3年生になると、親のいうことにも矛盾や身勝手なことがあることに気づき始めるのです。

お母さんも、自分を振り返ってみれば、いろいろな欠点のある人間であることに気づくでしょう。決して親のいうことがいつも正しいとはいえないでしょう。矛盾だらけのことをしていることさえもあるでしょう。そのことに気づけば、子どもの批判がもっともなことに思えてくるのではないでしょうか。

6話

第二反抗期

おかえり
おそかったのね
……

どこ行ってたの？
べつに
晩ごはんは？
いらねー
帰ってきたらただいまぐらいいえよ
うるせえな
うるさいとはなんだ！

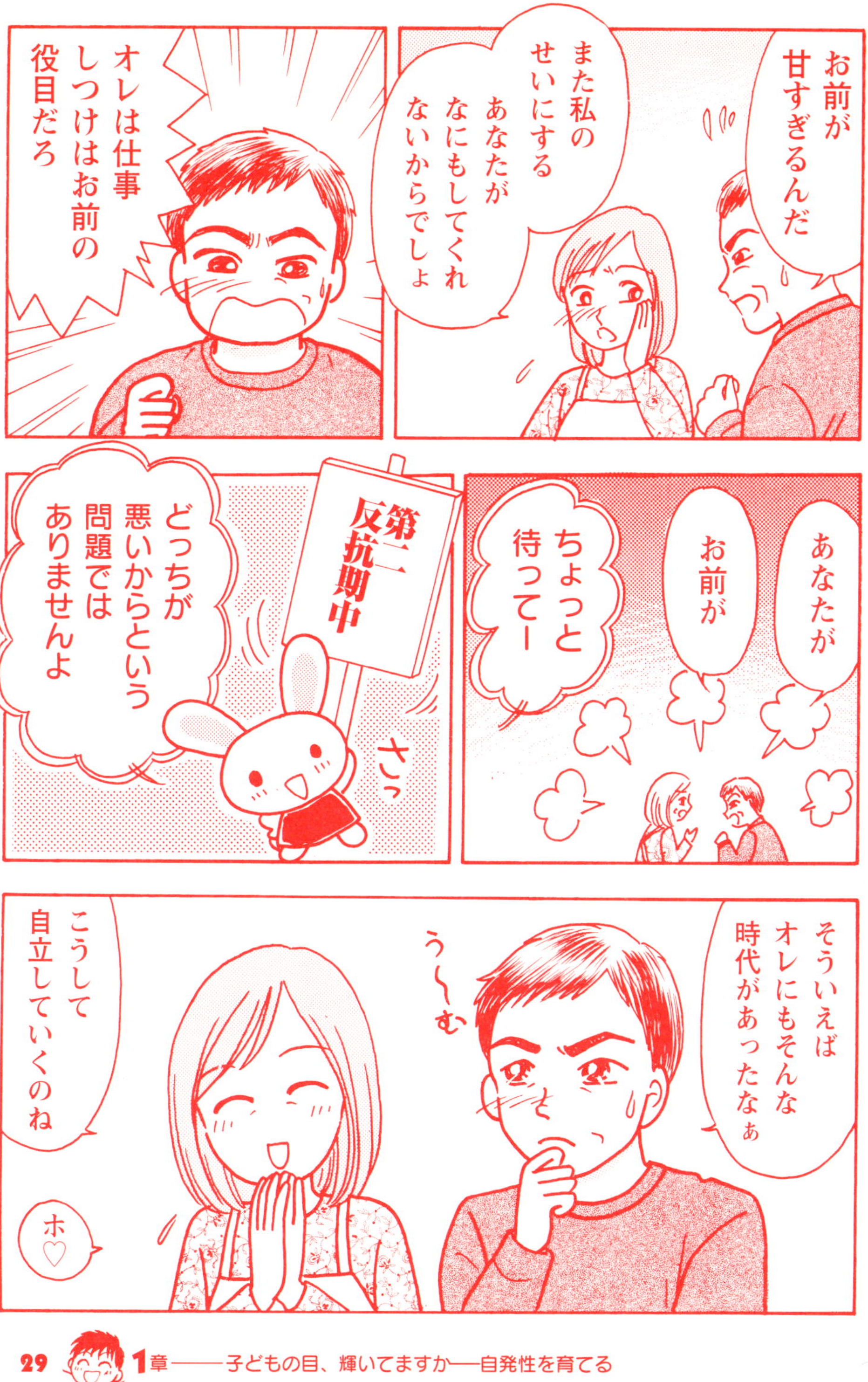
お前が甘すぎるんだ
また私のせいにする
あなたがなにもしてくれないからでしょ
オレは仕事しつけはお前の役目だろ
あなたが
お前が
ちょっと待ってー
第二反抗期中
さっ
どっちが悪いからという問題ではありませんよ
そういえばオレにもそんな時代があったなぁ
う〜む
こうして自立していくのね
ホ♡

6話

第二反抗期
反抗は思春期の「自我のめざめ」。子どもの反抗を喜ぶ親でありたい。

思春期の第二反抗期は、自発性の順調に発達している子どもに生じる「自我のめざめ」です。「自我のめざめ」というのは、これまで親や教師にいわれてきたことが本当かどうかについて、自分の力で検討しなおす力が育ってきたことを意味します。

とかく親や教師は外面的なしつけをすることが多いものです。見た目のよい子どもにしようとするものです。そのことに対して、子どもは、自分の内面に動いている真実の心の動きがあり、それを大切にしなければならないことに気づき始めます。そして、内面で動いている心に忠実に行動しようとするのです。

その間、親からなにか注意されますと、親が自分に見た目のよさを求めているのではないかと疑い、自分のことは自発的に考えたいと願っているので、「うるさいな」とか「黙っていてくれ!」といって凄むのです。

このころの子どもは口数が少なくなることが多く、とくに男の子にそれが顕著に現れます。

そのように親に対して反抗しながら、だんだん自分の心の中の矛盾や混乱を整理しているといってもよいでしょうし、そのように整理をしながら精神的離乳を実現していくのです。精神的離乳とは、親の考え方に縛られていた自分を、自分の力で解き放して、自分なりの人生を送る力を育て始めることをいいます。

以上のことを考えるならば、子どもが反抗し始めたことを親たちは喜んでよいのです。思春期が近づいたならば、子どもがどのように反抗するかを楽しみに待っていることが大切です。そのような親に対しては、反抗してもあまり意味がないので反抗の程度は軽く、その期間も短いものです。

7話
自発性を発達させる「無言の行」のススメ

小学3年
ぼ～～っ

ボーッとしてないで宿題やった？
んー
ぼ～～っ
時間割りはやったの？
んー
明日の体育なわとびだっていってなかった？

お母さん入れといて
ゴロン
もうせわがやけるわね～～～

無言の行
自発性の発達が遅れている子におすすめです

今日から
お母さんは
うるさく
いわないから
なんでも自分で
考えてやってね
ん？
わかった
それから
というものは
ぼーっ
う〜〜〜
——と
無言の行
だったわね
ぼーっ
数か月後
ゆう君と
公園で
遊ぶんだ
いってきまーす
えーと
宿題は？
こっそり
あら
いわれなくても
やれてるじゃない
さんすう

7話

自発性を発達させる「無言の行」のススメ

口を出さないで3か月がまんできれば子どもは変わり始める。

子どもの自発性の発達を援助するためには、子どもに「自由」を与えることが絶対に必要で、そのためには「子どもに干渉がましい口出しをしないで見守る」ことが必要になります。

子どもの行動を見ていますと、未成熟な面が多いので、ついあれこれと口を出したくなるものですが、それをぐっとこらえる努力を続けることが必要となります。それは、お母さん・お父さんにとってはなかなかつらいことです。いってしまったほうが気晴らしになるからです。しかし、口を出せば出すほど自発性の発達はおくれてしまいます。ですから、口出しをがまんしなければなりません。こうしたことは修行を意味しますので、私は「無言の行」と名づけています。

「無言の行」を始めて1か月ぐらいたちますと、子どもの行動に変化が起きてきます。自発的な行動が、ほんの少しではありますが現れてきます。つまり、その間は大きな変化のないことを覚悟している必要があるのです。しかし、自発的な行動がだんだん多くなってきて、お母さんのイライラが減ってきます。そして、3か月前後から、子どもに「まかせて」おいても大丈夫だという気持ちに変わってきます。子どもにほとんどのことを「まかせる」気持ちになるには、6か月ぐらいかかります。

私の経験によれば、この「無言の行」は、子どもが小学校2、3年生のころにするのが非常に効果的です。

8話
けんか
(3歳未満)

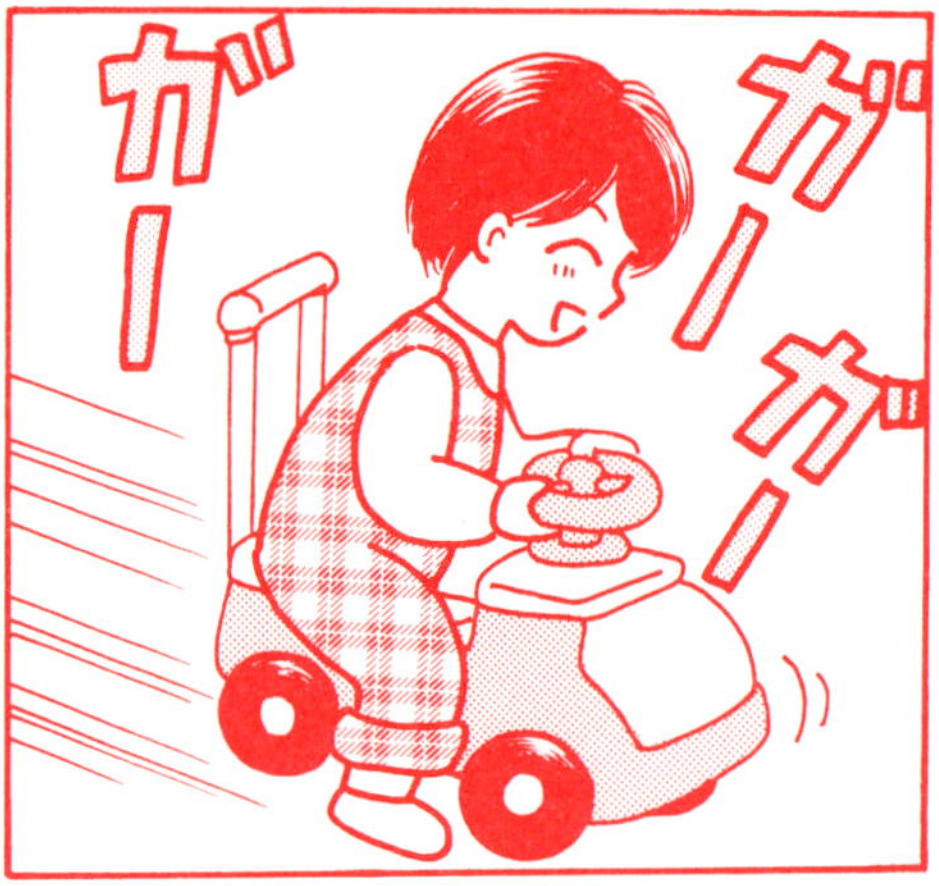

ガーガー
ガー

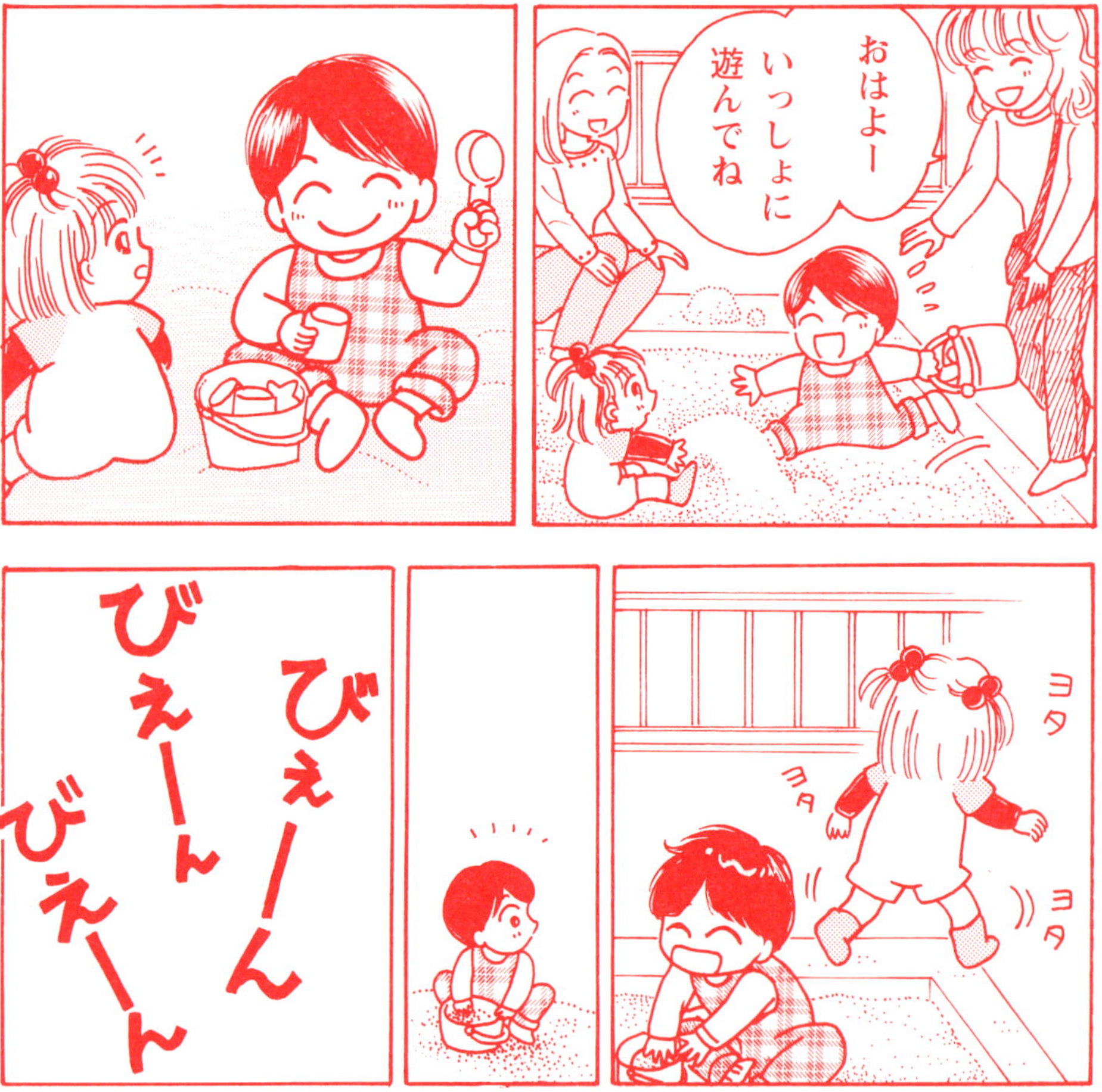

おはよー
いっしょに遊んでね
ヨタ
ヨタ
ヨタ
びえーん
びえーん
びえーん

だめーーっ
マーくんの
だよーー
びぇーん
びぇーん
みいちゃん
お兄ちゃんの
大事だから
返そうね
や
ちょっとだけ
かして
あげたら？
びぇーん
びぇーん
やだーっ
マーくんの!!
かえせー
や
や
ごめんね
ありがとう
やだー
じたばた
じたばた
ちょっと
かしてあげれば
いいのに…
なんで？
やだーっ
やだっ
3歳未満の
子どもは
友だちと仲よく
遊べないのが
ふつうだよ

8話

けんか（3歳未満）

3歳未満の子どもは友だちと仲よく遊べないのがあたり前。

けんかを悪いことと思っているお母さんが少なくないと思います。そこで、子どもたちがけんかを始めると、すぐに「やめなさい！」と大声を出してやめさせるのではないでしょうか。保育園や幼稚園でも「いつも仲よく」といった標語をかかげて、大人たちがけんかをとめてしまいます。

しかし、本当に「けんか」は悪いことなのでしょうか。

児童心理学を少しでも勉強すれば、「けんか」が子どもの心の発達に必要なものであることがわかります。

子どものけんかは自己主張の衝突であり、自己主張は自発性の発達の現れですから、自発性の発達している子どもには必ず起きる現象と見てよいでしょう。とくに3歳未満の子どもは、友だちといっしょに遊ぶ楽しさを感じる心は未成熟ですし、自分本位ですから、自分の気に入ったおもちゃの取り合いでけんかを始めます。たたいたり、突き飛ばしたり、かんだり、ひっかいたりといったけんかです。

それを見たお母さんは、人の物を取ったり、たたいたり、泣かせたりした子どもをしかることになってしまうでしょう。

しかし、原則的にいえば、3歳未満の子どもをお友だちといっしょに仲よく遊ばせようとすること自体が無理なことです。もちろん友だちから奪い取ったおもちゃを返すように指導しなければなりませんが、「悪い子」としてしかるようなことをしてはならないのです。自分の子どもが友だちから同じような目にあっても、その友だちを「悪い子」と思ってはなりません。それは、「悪い子」にされた子どもの心には傷がつき、ますます攻撃的になるか、けんかはしないけれども友だち嫌いになるか、あとあとの友人関係の発達に悪い影響を与えるからです。

9話

けんか
（3歳以上）

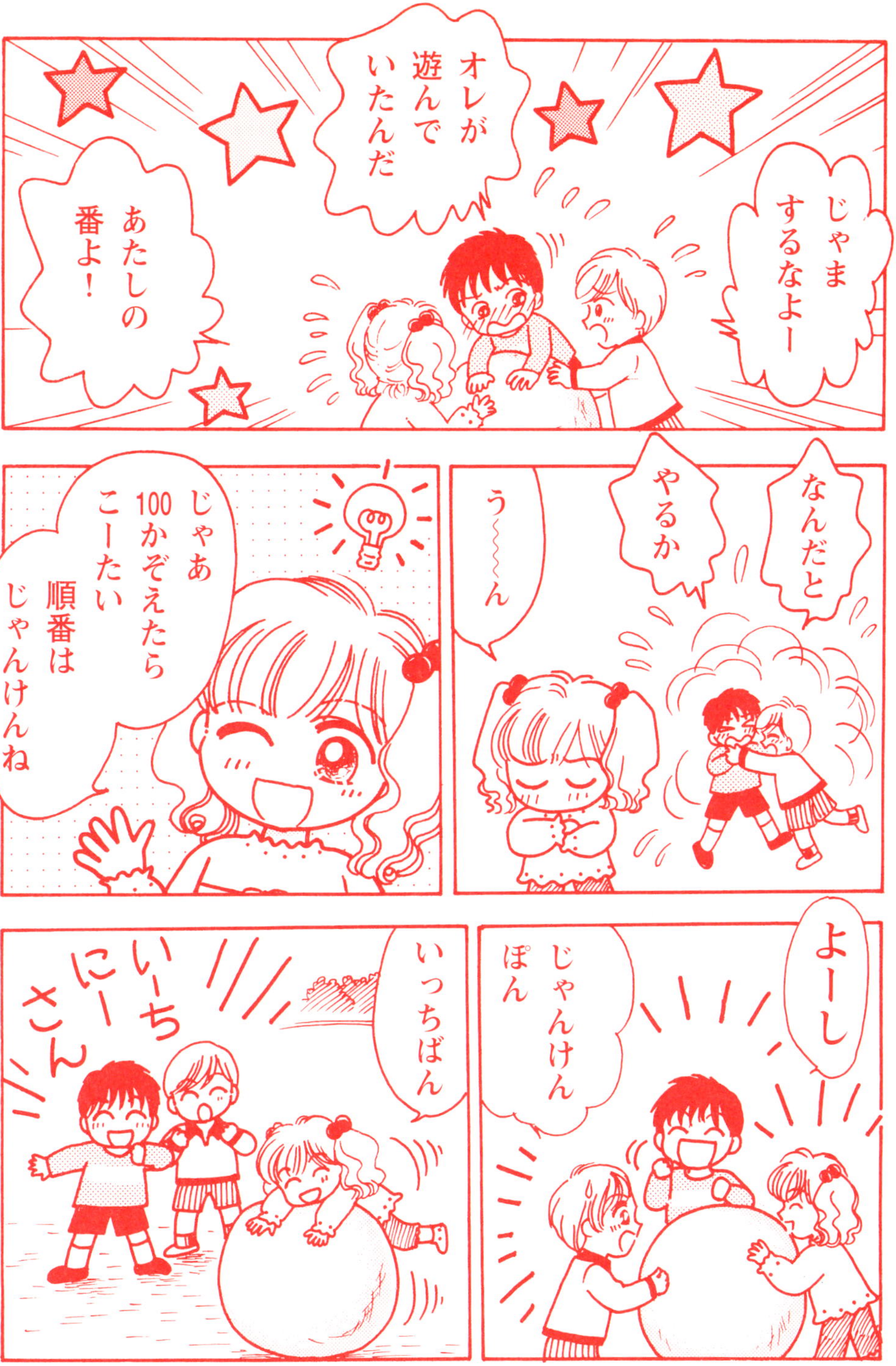
じゃまするなよー
オレが遊んでいたんだ
あたしの番よ!
なんだと
やるか
う〜〜ん
じゃあ100かぞえたらこーたい
順番はじゃんけんね
よーし
じゃんけんぽん
いっちばん
いーち
にーー
さん

9話

けんか（3歳以上）

「けんかして仲なおり」をいっぱいさせて、人とつきあう力を育てよう。

3歳から4歳にかけて、子どもには積極的に友だちと遊びたいという要求が芽ばえてきます。ですから、幼稚園では3歳児から保育の対象としているのです。子どもが3歳になったら、お母さんは友だちを与えることを考える必要があります。近所に同じ年頃の子どもがいれば、その友だちといっしょに遊ぶ場所を提供すればいいのです。友だちとけんかをしながらも、楽しく遊ぶことができるようになれば、社会性は順調に発達していると見てよいのです。

もし近所に子どもがいなければ、幼稚園か保育園へ入園させることが必要です。その園も、子ども同士の自由遊びを大切にしている園を選ぶようにしてください。それは自発性と社会性を伸ばすためです。

友だちと遊び始めますと、物の奪い合いもしますが、自分のしたい遊びを主張し、あるいは遊びの中のルールをめぐって、くり返しけんかが起きてきます。また、足を踏んだとか、からだがさわったとかでけんかを始めることもあります。まだ自分本位の心がたくさん残っていますから、なかなか相手を許すことができないのです。

しかし、お母さんがそれらの遊びやけんかを黙って見ていますと、ルールを守って遊んだほうが楽しいということがだんだんわかってくるのを観察できます。それまでには時間がかかりますが、子どもの能力のすばらしさがお母さんに感じ取れ、急いであれこれとお母さんが口を出さないほうがよい——ということがはっきりとわかると思います。

子どもたちは、仲よく遊んで楽しかったという経験とともに、けんかをして楽しくなかったという経験を積み重ねていくうちに、人とつきあう能力ができてきます。いま、この能力が乏しくて、家に引きこもる子どもがふえています。けんかをしては仲なおりをするという経験を十分にさせて、人とつきあう能力を育てましょう。

10話 きょうだいげんか

ヒコーキ完成！
やったー飛んだぞ
すげ～
しょう君もやらせて
ムリだよ
わくわくわく
やりたいやりたい
だめだ

ビリビリ
ビリ
ビリビリ
ビリ
あ——っ
やぶけたっっっ
しょう君のせいだぞ
ポカッ
お兄ちゃんがぶったー
たたいちゃダメだって何度いったらわかるの
だってしょう君が…
しょう君はまだ小さいんだからやさしくしてあげてお兄ちゃんでしょ
べー
ぶーーっ
いっつもぼくばっかり…

10話

きょうだいげんか

きょうだいは「寄るとさわると」けんかをしながら育つものです。

きょうだいげんかについては、昔から、「寄るとさわると始める」といわれてきました。ですから、子どもを二人以上生んだときには、「けんか」はつきものと覚悟することです。そして、「けんか」の扱い方を誤らないようにしなければなりません。

とくに、上の子が4歳にならないうちに下の子を生んだときに、「お兄ちゃんでしょ」「お姉ちゃんでしょ」と兄らしさ、姉らしさを求めるのはまったく無理な話で、子どもの心にずっしりと重荷を負わせることになってしまいます。なぜなら、兄らしさ、姉らしさの心は4歳以後にようやく芽ばえてくるからです。その結果、上の子どもは苦しくなり、3歳未満だと、うんこやおしっこをもらすようになったり、どもり始めたり、物を投げたりして荒れるでしょう。あるいは赤ちゃんをいじめにかかる子どももいます。

そうした反応は、上の子の苦しさがわからないお母さんからしかられるでしょう。そうすると上の子の情緒は不安定になり、下の子を敵視するようになり、小・中学生になってから弟や妹をいじめるようになるのです。

きょうだいげんかを裁くことは、絶対にしてはなりません。お母さんが裁けば、どちらかの子どもを「悪い子」にしてしまい、その子どもの心に傷を負わせてしまうからです。多くは、上の子どもに対して、大きいのに——という理由で「悪い子」のレッテルを貼ってしまいます。そのような扱いを受けた子どもは、下の子どもを敵視するようになります。

きょうだいげんかを裁くことができないのは、お母さんの目の前で上の子が下の子に手を出したとしても、それ以前に、お母さんが見ていないときに下の子が上の子に対してちょっかいを出したということが少なくないからです。それを見ていないで、上の子を「悪い子」として謝らせるようなことがあれば、当然上の子には不満が残ります。

2章

「心の基地」ができていますか

――思いやりを育てる

11話

親の「思いやり」が子の「思いやり」を育てる

次の日
幼稚園で
わーーい
びぇーーん
びぇーーん
びぇーーん
すてん
ころんだの？
いたい？
うん
いたーい
とんでけーーっ
さっ
はっ
マリちゃんが
いたいのなおして
あげるー
ぱっ
ぱっ
いたいの
いたいの
飛んでけー
もう
いたくないよ

11話

親の「思いやり」が子の「思いやり」を育てる

親に「思いやり」がないと、子どもに「思いやり」の心は育ちません。

「思いやり」ってなんでしょう?

私たちは「思いやり」の研究を長年続けてきました。そして、「思いやり」とは、「相手の立場に立って考え、相手の気持ちに共感する能力」であると考えています。この能力は、おそらくお母さん・お父さんも十分にもち合わせていないのではないでしょうか。

親であれば誰しも、子どもに「思いやり」のある人になってほしいと願うものです。では、子どもに「思いやり」の心を育てるにはどうすればいいのでしょうか。

子どもの「思いやり」の心は、親や保育者・教師から「思いやり」を受けることによって発達するものであることが、だんだん明らかにされてきています。ですから、子どもに「思いやりの心」を育てたいと思うなら、まず親が「思いやりのある人」にならなくてはなりません。子どもは、親の心を実によく見て、感じ取っているからです。

お母さんから「思いやり」を受けて育った子どもの心には、お母さんの温かいイメージが刻み込まれます。それが子どもの「心の基地」になり、「思いやり」の心が少しずつ育っていくのです。

「思いやり」は大人でもなかなか実現できない深さをもっていますから、性急に子どもに求めることはできません。人間が一生をかけて作り上げていく心のあり方が「思いやり」であると思います。

12話
人見知り

かわいいわね 何か月?
ぷにぷにほっぺ♡
10か月です
びえーん びえーん
びえーん
びえーん
すみません
この子 人見知りが はげしくて…
ひっく ひっく
あらあら 大変ね
かっわいい♥

ニコニコ
ひとなつっこい
赤ちゃんね
かわいい♡
ええ
この子は
人見知り
しないいんです
かわいい
もうすぐ
10か月なの
同じくらいの
赤ちゃんなのに
うちの子とは
大違いだ
人見知りは
いいことだよ
自信をもってね
でも…
むしろ
人見知り
しない子の方が
心配な場合も
あるんだよ

12話

人見知り

「人見知り」は親を信頼している証拠。「人見知り」をしないほうが心配です。

お母さんやお父さんと赤ちゃんの間に情緒的な結びつきができているかどうかは、生後6か月から9か月の間に「人見知り」が現れるかどうかによって判断することができます。

「人見知り」とは、見慣れぬ人に恐れを感じ、見慣れているお母さんにしがみつく状態で、それはお母さんを信頼しているからです。

もし「人見知り」が現れないようでしたら、どのように考えたらよいでしょうか。それは親子間の、とくに母子間の情緒的な結びつきができていない証拠です。つまり、赤ちゃんはお母さんを慕っておらず、お母さんに対する信頼感が乏しいのです。その結果、自分を抱いてくれる人であれば誰であってもよいという気持ちになって、見慣れぬ人が手を差し伸べると抱かれてしまいます。

この状態は、それまでの母子関係が希薄であったことの現れで、お母さんがあやしたり抱いたりすることが少なかったことを意味します。

「人見知り」のない子どもを、独立心があるとか社交的だ——などと考えることは大きなあやまりであって、このまま大きくなれば情緒の欠損した状態になりかねません。

「人見知り」をしない赤ちゃんがいたら、私は、お母さんに対しては、もっとあやしたり抱いたりしてあげてください——とお願いしています。その意味を理解してあやしたり抱いたりしているうちに赤ちゃんがかわいく思えるようになったお母さんに対して、赤ちゃんはからだで甘えるようになり、それにともなって「人見知り」が現れるようになります。

ガーン
子育てに協力してくれないからよ
PAPA

13話 男の子にも家事を

お母さん ぼくにも 切らせてー
わく わく わく
包丁は 危ないから

男の子は 家事なんか しなくていいぞ
そうなの？
うーん 女の子は 家事ができないと お嫁に行けないから…
おーい お茶！
おーい 麦茶！
もう 親子そろって
うちの男どもと きたら…

お友だちの家に遊びに行って
このドーナッツよしき君が作ったの?
びっくり
え──っ このサンドイッチも!?
すげー
おいしい
ビックリ
でも男が料理なんか…
あらシェフは男の人の方が多いわよ
板前もね
お料理できる男の子ってステキよね
よしき君すてき♡
タケシ君は料理しないの?
う…うん
えっへん
エプロンなんかして男は家事なんて
するの!

13話

男の子にも家事を

男の子に料理を教えるのも大切な家庭教育。

昔は「男子厨房に入らず」といって、男は台所仕事などをするべきではない、という風潮がありました。それが尾を引いて、いまだに男の子には家事をさせないという家庭があります。女の子には料理などを教えているのに……。

このような家庭に育った男の子は、仲間と合宿やキャンプに行っても、料理をしたり、食器を洗ったり、洗濯をしたりといった生活能力が育っていないので、なにもできなくて困ってしまいます。

高校の部活で合宿をしたとき、食事に出された生卵を割ることができずに、それが引き金になって不登校になった高校生がいますが、お母さんはその子どもにまったく家事をさせていなかったのです。

子どもには幼いころから、料理や買い物などのお手伝いをやってみたいという欲求がありますから、やりたいという意欲を示したときに、男の子でも女の子でもお手伝いをしてもらうことが大切な家庭教育になります。そして、15歳になるまでに、お母さんがいなくても生活できるだけの生活力を育てておくべきだと考えています。

いま、小中学生の女の子にモテる男の子のタイプの一つが、「料理のじょうずな男の子」であることもつけ加えておきましょう。

お手伝いするー
じゃまだからあっちいって
大きくなって
たまにはお手伝いしてよ
じゃまだからあっちいって

14話

お父さんと男の子

小さい頃から
ぱか ぱか

子どもとよく遊ぶお父さんは
逆上がりができないのあの子の他には5人だけらしいわ
よーし今度の休みは特訓だ！
子どもが思春期になっても…
やけにめかしこんでいるなぁ
デートか？
まーね

かたや小さい頃から
あそんで
疲れているからダメ 重いからのるな
じゃあ日曜日にゆーえんち連れてってね
子どもに無関心
おはよーパパは？
休日出勤でもう出かけたわ
子育ては妻にまかせっきりのお父さんは
ちゃんと約束したのに
パパはお仕事なのママと行く？
パパのうそつき
や
あなたが約束守らないからあの子は…
疲れているんだいいかげんにしてくれ 食事はいいすぐ寝る
子どもが思春期になる頃には…
おいちゃんと勉強しているのか？
うるせーな
親に向かってうるさいとはなんだ！
オレがなにしようがオマエには関係ねぇだろ

14 話

お父さんと男の子

お父さんはとにかく子どもと遊びなさい。

お父さんに望むことの第一は、とにかく子どもとよく遊んでほしいということです。

子どもはお父さんと遊ぶのがなによりも楽しく、お父さんに遊んでもらった子どもはお父さんを慕います。これが思春期の父子関係の危機を防ぐのに役立っています。子どもは第二反抗期にはいり、父親に反抗しますが、それが強くはなく、父親を尊敬しながらも友だちのようにお父さんを扱うでしょう。

子どもたちがお父さんと遊ぶのが好きなのは、子どもといっしょになって夢中になって遊んでくれるからです。その点で、お母さんはどうしても家事のことを考えながら子どもの相手をすることが多いので、子どもはもの足りない気持ちになります。とくにお父さんが荒っぽい遊びをしてくれますと、子どもは大喜びですし、自発性も発達します。

しかし、子どもと遊ぶことがなく、子どもがお父さんに親しみを感じていない場合、思春期の反抗が強く現れ、とくに男の子はお父さんと対立し、口汚く父親を非難する言葉を吐いたり、その逆に父親に対しては一切口をきかないようになったり、さらには家出をすることさえあります。

どうしても忙しくて、子どもと直接遊ぶことのできないお父さんは、どのように父親としての責任を果たしたらよいでしょうか。

少なくとも、家にいる間にお母さんから自分の子どもに関する話を聞いてほしいのです。どのように子どもが発達しているか、どのような遊びに興味をもっているか、友だちとのつきあいはどうか、などについて話を聞く態度があれば、それがお母さんにとって子育ての励みとなります。このように間接的ではあっても子育てに参加するお父さんであれば、「思いやり」のあるお父さんですし、夫婦の協力体制の中で子育てができるわけです。

あ〜〜 もう1回!
パパ帰ろうよ

15話 三つのしつけ方

【その1】命令的なしつけ方
ほら先生にあいさつしなさい
おはよう

おはよう…
ぼそっ
もっと大きい声でおじぎして！
まーまーお母さん
【その2】人の目を気にするしつけ方
ごあいさつをちゃんとしないと笑われるわよ
ん
あっ先生 みくちゃん「おはようございます」は？
みくちゃんおはよう

年長さんが
ごあいさつ
できないなんて
みんなに
笑われちゃう
わよ
カー
カー
ほーら
カラスさんも
笑ってるよ
かーっ
まあまあ
お母さん
【その3】
模範を示す
しつけ方
わん
おはよう
ございます
おはよう
ございます
ペコッ
せんせい
おはよう
ございます
せんせー
おはよう
ございますー
おはよう
ございます
毎朝
気持ちのいい
ごあいさつね
はーい
はーい
お母さんが
先にあいさつを
していると
子どもは自然に
あいさつする
ようになるよ

15話

三つのしつけ方

子どもをしつける前に、まず親が模範を示す。

子どものしつけ方には大きく分けて三つの型があります。

第一は、命令的圧力によるしつけ方です。

第二は、人の目を気にするようにするしつけ方です。

第三は、親の後ろ姿を子どもに見せるしつけ方です。

第一の命令的圧力によるしつけ方は、親の権力で子どもを親の考えた「よい子」の鋳型にはめ込もうとするもので、親の命令に従わないようなことがありますと、強い言葉で子どもをしかったりたたいたりすることが多くなります。また、強い言葉は使わなくても、じわじわと真綿で首を絞めるように理屈で子どもを責めて、自分の思いどおりの子どもにしてしまう親たちがいます。結局、親たちに屈従した子どもには自発性の発達は望めません。

第二の人の目を気にするようにしつけをしている親たちは、「○○さんが見ていますよ」とか「○○さんに笑われますよ」といった言葉でしつけようとします。このようなしつけを受けた子どもは、いつも他人の評価を気にして行動するようになりますから、自発性は発達しません。そして、「気がね」の多い人格になります。

第三の親の後ろ姿を子どもに見せるしつけ方は、親が模範を示すしつけ方です。子どもは親を実によく見ていて、それをまねします。昔からいわれているように、「子どもは親の鏡」です。子どもに自分の姿が映し出されているわけです。

前のページのマンガにもありますが、子どもにあいさつをしてほしいのなら、まず親があいさつの模範を示すことです。それを続けていると、子どもは親をまねて自発的にあいさつをするようになるのです。親が模範を示さないで子どもばかりをしつけようとしても、うまくいくはずがありません。

私のしつけ論は、親の後ろ姿を見て子どもは育つものであることに尽きます。

16話

「心の基地」はお母さん

ママ
だっこ

おんぶ
ママ♡
ママ
ママ
おててつないで
ねんねしてね
はいはい
おやすみなさい
べったり

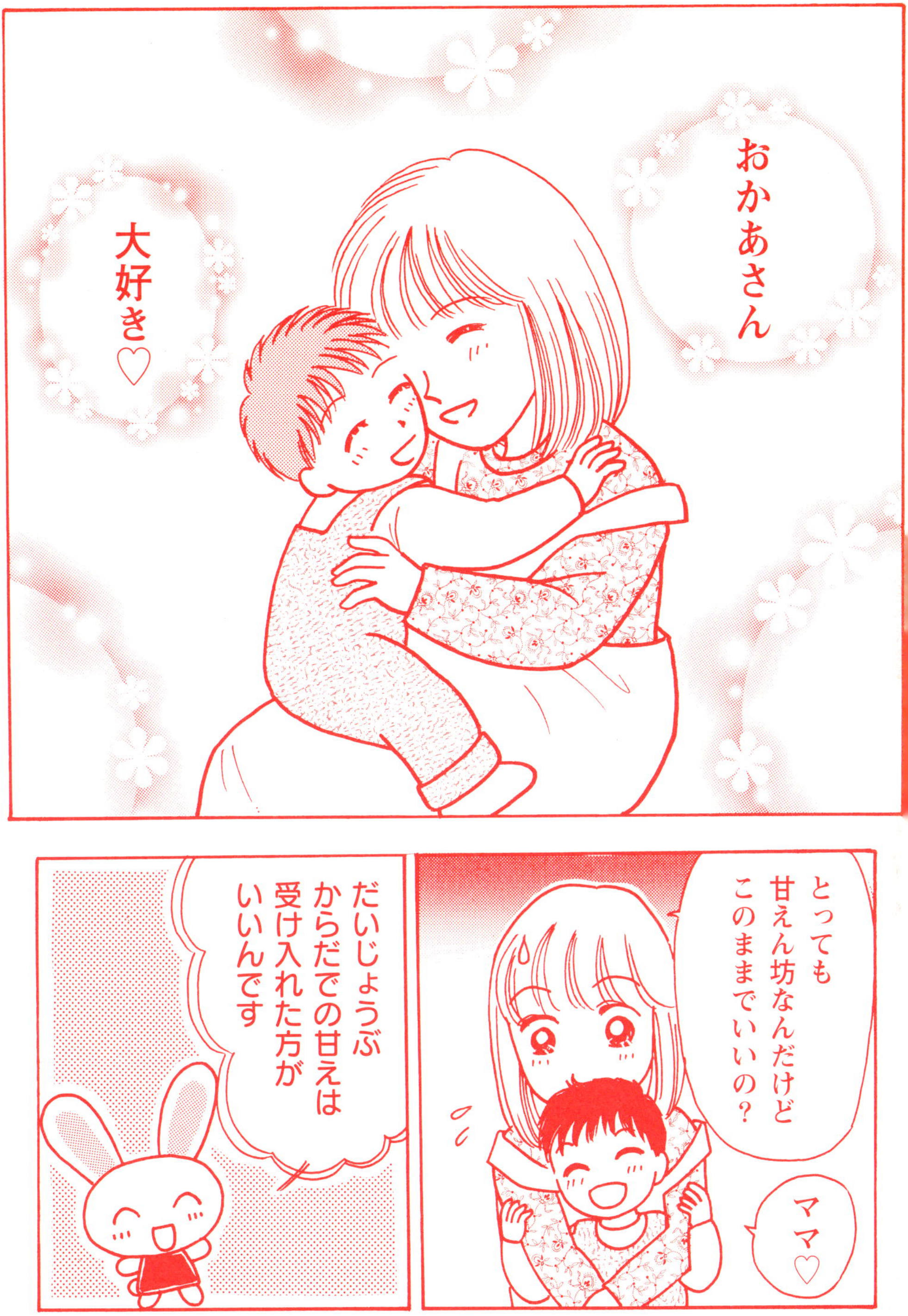
おかあさん
大好き♡
とっても甘えん坊なんだけどこのままでいいの？
ママ♡
だいじょうぶ
からだでの甘えは受け入れた方がいいんです

16話

「心の基地」はお母さん
温かいお母さんのイメージが子どもの「心の基地」に。

1歳から3歳の間は母子関係が最も緊密になる大切な時期です。子どもがお母さんと情緒的な結びつきを強めようとしているこの時期には、なにかにつけてお母さんのひざにのろうとしたり、抱っこやおんぶをしてほしいと求めます。疲れたとき、眠くなったとき、お腹がすいたとき、体の具合が悪いときなどには、必ずスキンシップを求めます。

また、夜中にお母さんのふとんの中に入ってきます。おそらくこわい夢でも見たのではないかと思われます。そして、お母さんに添い寝してもらうことによって安らかに眠ります。からだでの甘えをお母さん・お父さんに受け入れてもらえると、情緒が安定するからです。

そのように甘えさせていたら甘えん坊になることはないかと心配するお母さん・お父さんもいます。そのときには、一方で自発性が順調に発達していれば、その心配は絶対にない――とお答えしています。自発性は情緒の安定している子どもには発達しやすいからです。

わが国では、住宅事情や火災や地震なども考慮して、とくに3歳未満の子どもは親たちといっしょの部屋に寝かせること、そして夜中にお母さんのふとんの中に入ってきたら添い寝をしてあげることが、日本の子どもの情緒の安定にとって大切ですし、それによって母子間の情緒関係がしっかりとでき上がります。

この関係について、非行の研究者たちは子どもの心に基地ができたといっています。私はお母さんの温かいイメージが子どもの心に刻み込まれたと表現しています。つまり、子どもの心にお母さんの温かいイメージが刻み込まれ、それが子どもの「心の基地」になっていれば、思春期以後になって家出をしたり、非行に走ったりするようなことは絶対にないと考えています。

がおーっ
ママ となりで ねていい?

3章

気になる性質の子どもたち

——困ったことが起こる前に

17話 引っ込み思案の子ども

晩ごはんなーに？
シチューよ
えーっ カレーがいい カレーじゃなきゃ食べないよ
かずくんはカレーが好きねぇ
トマトきらーいのこす！
おいしいのに
や
今日はなんにする？
カレー！
またなの
あらこんにちは
こんにちは
かずくんおっきくなったわね 今いくつ？
ご…

5歳の年中です
あら おっきいほう なんじゃない？ かずくんは なにが好きなの？
え…えっと
ほら カレーでしょ きのうカレー だったのに 今日もカレーが いいなんて いうのよ
かずくん おとなしいわね
家では おしゃべり なのよ
こういうのって 内弁慶って いうのかしら
家では すっごい わがままだし
おうちみたいに どうして 話さないの？
だって ママが…
子どもが 聞かれたことに お母さんが代わりに 答えていると 子どもはますます 引っ込んでしまうよ

17話

引っ込み思案の子ども

お母さんが代わりにやってしまうと、子どもはますます引っ込み思案に。

引っ込み思案は、その原因を解明するために熱意をもって私たちが取り組んだテーマです。その結果、引っ込み思案の主な原因の一つが過保護にあることがはっきりしました。

そのような子どもは、家庭外に出ると自信のない状態になって、他人から質問されても答えなかったり、お母さんから離れようとしなかったり、お友だちと遊ぼうとしなかったりして気力のない状態になりますが、家庭の中では元気がよく、いばってさえいるのです。こうした家庭での子どもの様子を見ているお母さんには、意欲のある子どもに見えるので、どうして外に出ると消極的になるのか不思議に思うでしょう。しかし、これが昔からいわれている「内弁慶の外すぼみ」なのです。それは、家庭外に出ると不安になるからであって、お母さんの保護を求めている状態です。

たとえば、子どもに「好きな食べ物はなあに?」と聞いてみても、なかなか返事をしないことが多いのですが、そうなるとお母さんが援助を始めます。「ほら、あるじゃない」と子どもに暗示を与えようとしたり、「カレーでしょ」などと子どもに代わって答えてしまうお母さんがいます。こうしたお母さんの態度が、まさに過保護になっているのです。つまり、子どもが質問されたのだから子どもが責任をもって答えるべきだ——と子どもにまかせることが必要なのに、それができないお母さんなのです。

18話

神経質な子ども

だめ バッチイ バッチイ

手で食べちゃダメでしょ スプーンで食べようね
おててばっちい？
お砂はバッチイからブランコしよ
お砂バッチイ？
ム
散らかってるとママはイライラするの
きちんとかたづけてね
うん
ピカ
ピカ
ピカ

幼稚園で
マーくんいっしょにあそぼー
お砂はバッチイからやんない
ばっちい？
おもしろいのに～
小学校で
おーいだれのだ？
あっぼくの
じ
ふき ふき
おまえなにふいているんだよ
オレがキタナイっていいたいのか！
だって…
だってじゃねーだろ
お母さんが神経質だと子どももそうなっちゃうよ もっとおおらかになろうよ！

18話

神経質な子ども

子どもは本来のんきなもの。親の神経質な育て方が子どもを神経質に。

神経質という言葉はかなり古くから用いられてきましたし、それが先天的（うまれつき）であるかのようにいわれた時代もあります。神経質な状態は赤ちゃんのころから現れますし、お母さんかお父さん、あるいは他の家族に神経質といえるような人のいることが多くて遺伝するように見えるからです。

しかし、家族の神経質は、当然、育て方に反映するものです。神経質な人に育てられれば、だんだん神経質になることが多いからです。この点について、私たちは、子どもの治療教育を行ったり、あるいは環境を変えてみたりして、子どもの神経質がなおることを明らかにしてきました。

子どもは「自由」の中で育てられれば、もともとのんきなもので、こだわることがないものですが、親たちから何度も強く注意されると、そのことに「こだわり」を示すようになり、いわゆる神経質という状態に陥っていくわけです。

子どもを「自由」にしておけばいろいろと不潔なことをしますが、それに対して厳しく注意を与えますと、不潔に対して恐怖心をもつようになります。また、整理整頓をきちっとしないとしかられることの多かった子どもは、きちっと整理整頓をしておかないと気になって勉強ができないという子どもになっていきます。

お母さんやお父さんが完全主義者であればあるほど、子どもには「こだわり」が強くなります。そして、そのまま思春期に入ると神経症（ノイローゼ）になってしまうことがあるのです。

そうしたことを考えて、私は、不潔のすすめ、だらしないことのすすめを強調してきたのです。つまり、子どもは不潔の体験を重ねながら、だんだん清潔の意味を理解していくことが大切であって、急いでしつけをしないでほしいのです。子どもが泥んこ遊びで不潔なことをしていても、それを楽しんでいる子どもの気持ちを理解し、それでひとしきり遊んだ後にそれを清潔にする方法を教えていけばいいのです。

19話 ぐず

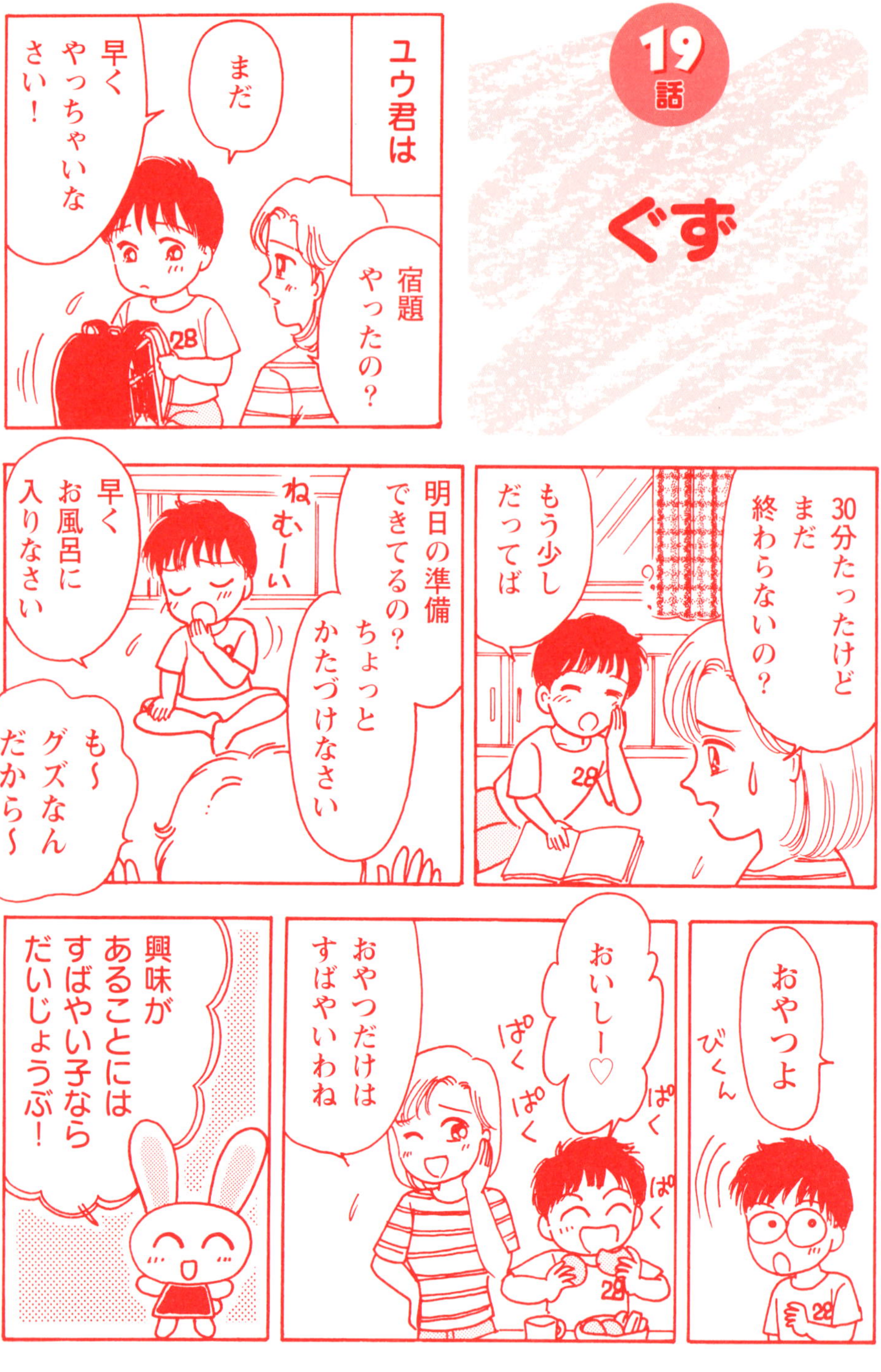

ユウ君は
宿題やったの？
まだ
早くやっちゃいなさい！
30分たったけどまだ終わらないの？
もう少しだってば
明日の準備できてるの？
ちょっとかたづけなさい
ねむーい
早くお風呂に入りなさい
も～グズなんだから～
おやつよ
びくん
おいしー♡
ぱくぱく
ぱくぱく
おやつだけはすばやいわね
興味があることにはすばやい子ならだいじょうぶ！

トシ君は
宿題終わった?
ま…だ
こくご
明日の時間割りそろえた?
んーまだっ
上着ぬいだのかたづけてないわよ!
お風呂は?
歯みがきは?
ごはん食べ始めて1時間たつけどまだ食べ終わらないの?
んーもうちょっと
もちゃ
なにをやってもぐずぐず~
モタ
モタ
モタ
あーあどうしてトシ君はなにをやってもぐずなんだろう?
あー!
イライラする~
えへ
すべてにおいてぐずな子どもは自発性の発達が遅れているので対策が必要です

19話

ぐず

すべてにぐずな子どもには自発性の発達をうながすための対策を。

大人の目から見ると、ほとんどの子どもは〝ぐず〟なのです。ゆっくりゆっくりしているのが子どもの本質なのです。そういう子どもの本質を受け入れることのできるお母さん、ながめていられるお母さんになってほしいと思います。そのことを頭に入れた上で、ぐずについて考えてみましょう。

動作のおそい子どもについては、大まかに二つに分けて考えることが必要です。一つは勉強や生活習慣など、子どもにとって興味のないことをお母さんの命令によってやらされているときにぐずぐずしている場合。もう一つは何事をするにも動作のおそい場合です。

問題なのは、すべてにおいてぐずな子どもです。このような子どもは全般的に気力がなく、意欲に乏しいものです。この主な原因は自発性の発達がおくれていることです。ですから、自発性の発達をうながすための対策を立ててください。

自発性の発達がおくれる原因には、二つの子育ての誤りがあります。その一つは、命令や干渉が多く、命令を守らないとしかったりたたいたりして、子どもの自由な活動を抑圧してしまった場合です。このような子どもはあまり「いたずら」「反抗」「おどけ・ふざけ」などをしません。この場合には「無言の行」（32ページ参照）が効果的です。

もう一つは、過保護です。子どもが一人でできることなのに、親が手を貸してしまう育て方です。これまで手をかけすぎていた点がないか、毎日の生活の中の一つ一つについて家族の皆で検討してみて、これだけは手を貸さないようにしようということを決めます。そして皆で守り合います。それに成功したら、次の申し合わせをします。

お母さん「早く」っていわないの？

20話 友だちができない

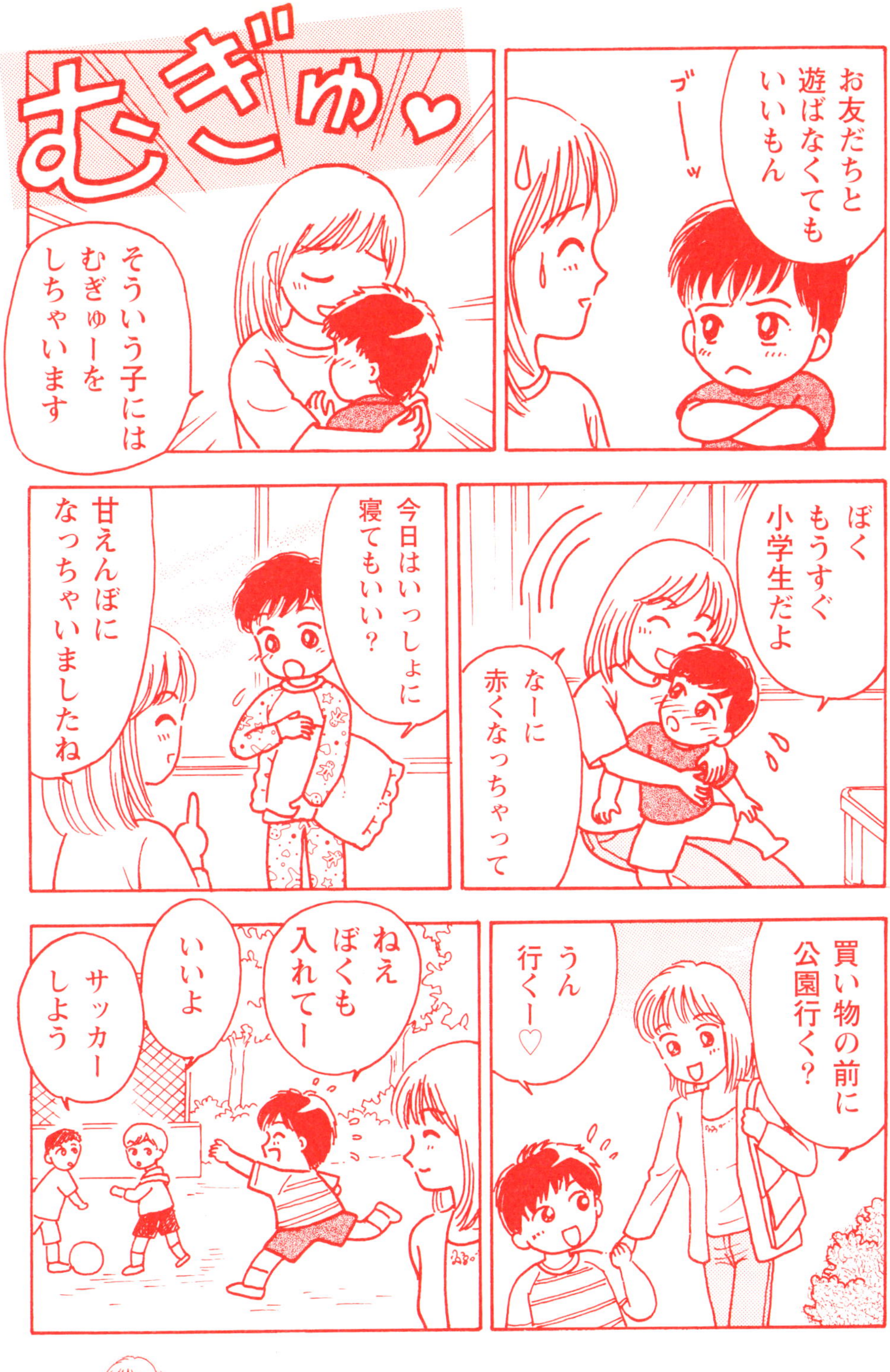
むぎゅ♡
お友だちと遊ばなくてもいいもん
ブーーッ
そういう子にはむぎゅーをしちゃいます
ぼくもうすぐ小学生だよ
なーに赤くなっちゃって
今日はいっしょに寝てもいい？
甘えんぼになっちゃいましたね
買い物の前に公園行く？
うん行くー♡
ねえぼくも入れてー
いいよ
サッカーしよう

20話

友だちができない

情緒の不安定な子どもは友だちができにくい。

3歳から4歳にかけて、自発性が順調に発達しており情緒の安定している子どもには、積極的にお友だちを求めていっしょに遊ぼうという気持ちが強くなってきます。そして「けんか」をしながらも、お友だちといっしょに遊ぶことを楽しみます。

ですから、お友だちができないということは、自発性の発達がおくれているか、情緒が不安定であるか、いずれかであることを考えてみなければなりませんし、その両方であることさえあるものです。

自発性の発達については19話で述べましたので、ここでは情緒の不安定な子どもについて述べておきましょう。

それは、お母さんと子どもの間の情緒的な結びつきができていないことを意味しているのです。とくに幼いころからのスキンシップが不足している子どもに情緒の不安定が多く、そのような子どもはお友だちと夢中になって遊ぶことができません。

そして、お友だちに意地悪をしてみたり、弱いものいじめをしたりしますから、お友だちからも嫌われてしまいます。

なによりもまず、お母さんとの間の情緒的な結びつきをつけるための努力が必要になります。それには、小学校低学年であれば、スキンシップが非常に有効です。家庭にいるときには、ひざの上に抱いてあげ、夜は添い寝をしてあげるとよいでしょう。もう小学生になっているのだから——とか、そんなに甘えさせてもよいのだろうか——と思うお母さんが少なくないと思いますが、その心配はまったくありません。それは、スキンシップを始めてみると、すぐにわかります。子どもは好んでお母さんのひざの上にのり、添い寝を楽しみますし、しばらくベタつきの状態になることが少なくありません。ベタつきとは、しつこいほどスキンシップを求めてくる状態を言います。ベタつきが著しければ著しいほど、過去の生活の中でのスキンシップが不足していたと見てよいでしょう。しかし、子どもの情緒が安定してきますと、そのベタつきが少なくなって、ついに解消し、友だちといきいきと遊ぶ子どもに変わっているのです。

しかも、温かいお母さんのイメージが子どもの心に刻み込まれ、子どもには「心の基地」ができたことになります。これが思春期の危機を無事に切り抜ける基盤になるのです。

21話

うそ
（五つのうそ）

①防衛のうそ
あー割ったな
ごめんなさい
ごめんですむか!!

がっちゃん
またあんたがやったのかっ
ぼくじゃないよミーちゃんだよ
にゃ
②自分を有利にするためのうそ
いい大学を出て有名会社に入ってお金持ちになるのよ！
目指すは会社社長！
軽井沢の別荘でロングバカンス
軽井沢に別荘買ったの？
わくわく
あんたが大人になって社長になったら買えっていうお話よ
なーんだ
ぼくんちはお金持ちなんだよ
ハワイと軽井沢に別荘があるんだ
えっへん
おおっ
すげー
20年後の予定だけど

③親のまねのうそ
26点!?
よくもまあ こんな点数 取れるわね
お母さんは いつでも 100点だったわょ
しゅん
学校の勉強 どうなんだい？
おばあちゃん あたしはいつも 100点よ！
④命令に反抗するうそ
洗濯物取り込んで ちょうだい
ダメ！ 今いいとこ だから
テレビ見てるなら やってちょうだい
牛乳 きらせちゃった 買ってきて
ダメ！ 今 勉強して いるの
ささっ
⑤親のひくための注意をウソ
あら このゲーム もってた？
もらった
誰に？
知らない おじさん
お年玉で 買ったの？ 本当のこと いいなさい!!
だから 知らない おじさんに もらったの
GAME

21話

生まれつきのうそつきはいません。子どものうそにはわけがあります。

うそ（五つのうそ）

子どもをうそつきにする五つの方法があります。

①正直にいったら、しかられたりたたかれたりした子どもは、次のときにはそうならないようにうそをつきます。

②お母さん・お父さんがお金や社会的な地位を第一に考えるような人であると、その子どもは「自分のうちはお金持ちだ」とか「お父さんはえらい人だ」といったうそをつくようになります。

③お母さん・お父さんが子どもに自分をえらく見せようとして「自分は小学校のころ、勉強がよくできた」などといったうそをつくと、子どもはそれをまねして「自分は学校でいちばんできる」といったうそをつくようになります。

④お母さん・お父さんが子どもにお手伝いをさせようとして一方的に命令すると、子どもは反抗的になって、うその理由を考え出してお手伝いから逃げようとしま

す。

⑤お母さん・お父さんから大切にされていない子ども、お母さん・お父さんに関心を持たれていないさびしい子どもは、うそをついてでも親の注意をひこうとすることがあります。

4章 どの子もスキンシップを求めている

22話

見守ることと放任

子どもにまかせるって放っておけっていうこと？
放任ではありません口や手を出さないで見守るということです

見守るということは
行ってきまーす
タンポポかわいい
タンポポの花束ね
ママにあげる♡
ありがと
あっママ
雲が動いているわね
ワタアメみたいね

もっといっぱい タンポポ 取ってくるね
はいはい 行ってらっしゃい
わーい♡
こうして子どもは お母さんとの 心の結びつきを 確かめながら 安心して成長して いきます
放任すると
ママ 買い物して くるから ここで遊んでて
ん
子どもは 自分なりに
遊ぶように なりますが
お母さんとの 心の結びつきが ないまま成長して しまいますので…
思春期になると
オフクロ？ かんけーないよ

22話

見守ることと放任

子どもに「まかせて」見守ることは最高の教育です。

放任というのは無責任な親のすることで、子どもを生んだ以上、親にはちゃんと子育てをする責任があるわけです。とくに子どもの人格形成について責任を負う必要があります。しかし、それはしつけをしたりなにかを教え込んだりすることとは違うのです。

子どもには自分から発達する能力が備わっていますから、まずその能力を見守っていることが非常に大切な教育になるのです。教育とかしつけというと、なにか親の側でしてあげなければならないと思うかもしれませんが、見守るということ、「まかせる」ということが最高の教育である——というのが、45年以上に及ぶ私の「子ども研究」の結論です。

しかし、「まかせる」ということは本当にむずかしいことですね。

お母さんたちに「子どもにまかせてみましょう」と私が提案しますと、「放っとけばいいんですね」という答えが返ってくることが非常に多いのですが、放っておく、つまり放任は絶対にしてはいけないのです。「まかせる」ということは、子どものしていることを見守りながら、口を出さない、手を貸さないという態度を取ることなのです。

子どもはお母さんが見守ってくれていることを感じながら自由に遊ぶわけですが、そのときお母さんと子どもの間には、目には見えないけれど心の結びつきがあるのです。子どもは心の結びつきを感じながら遊んでいるのです。お母さんが見守っていることで母と子の心が結びつき、子どもの情緒が安定するのです。情緒の安定は子どもの健全な育ちに欠かせないものです。

23話

情緒の安定

ママ
だっこして

ママは
いそがしいから
あとでね
だっこだなんて
赤ちゃんみたいよ
ちょっと
キビシすぎないか？
この子はまだ
3歳だろ
もう
3歳よ
4月からは
幼稚園よ！
ママ…
情緒の安定は
なによりも大切
子どもの甘えを
拒否すると
子どもは情緒不安
になります

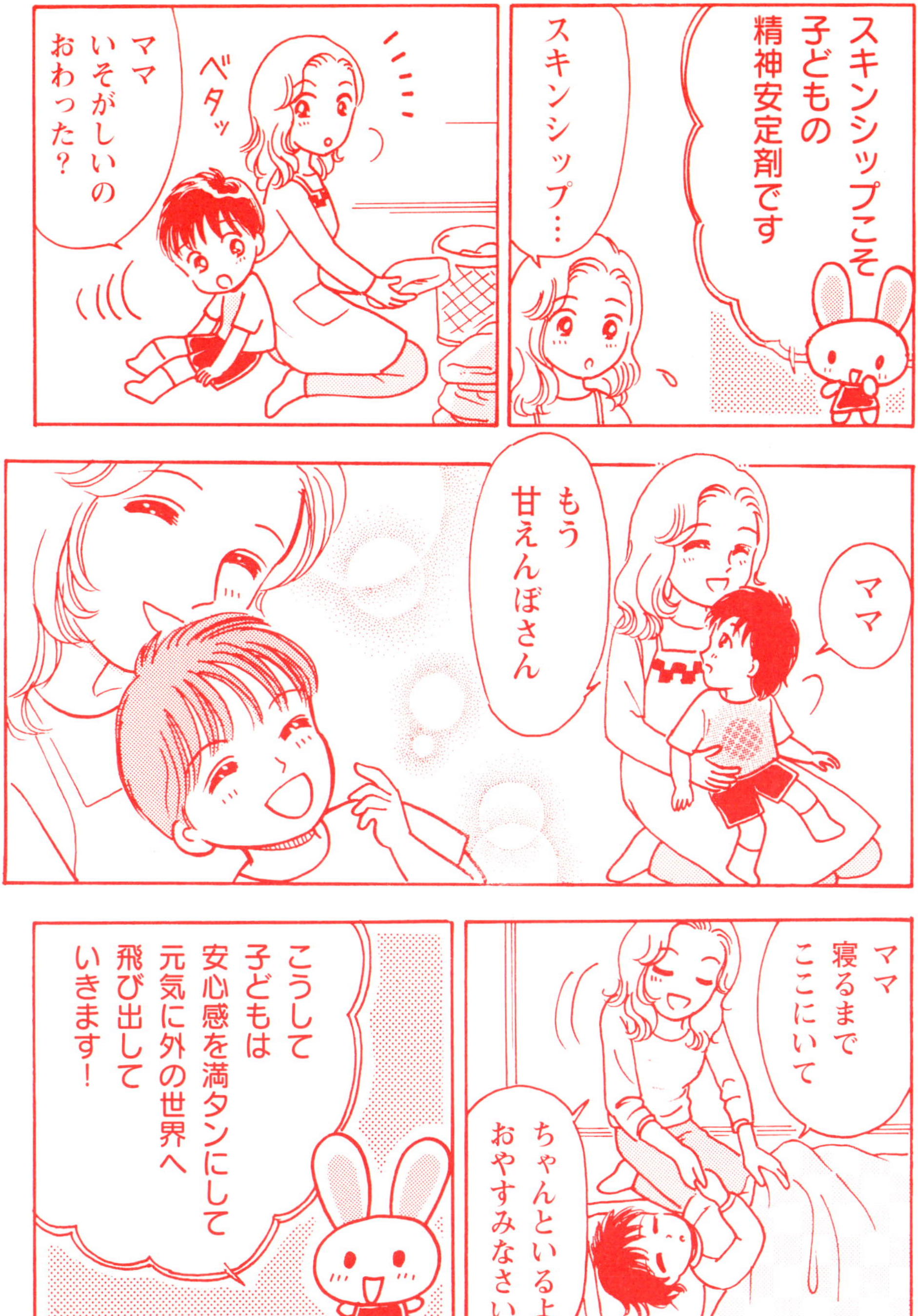

スキンシップこそ子どもの精神安定剤です
スキンシップ…
ママいそがしいのおわった？
ペタッ
ママ
もう甘えんぼさん
ママ寝るまでここにいて
ちゃんといるよおやすみなさい
こうして子どもは安心感を満タンにして元気に外の世界へ飛び出していきます！

23話

情緒の安定

なによりも大切なのは情緒の安定。スキンシップで情緒を安定させましょう。

子育てにとってなによりも大切なことは、子どもの情緒の安定をはかることです。子どもの情緒の安定にとってなによりも必要なことは、お母さんと子どもの情緒の結びつきで、それには子どもからのからだでの甘えを十分に受け入れること、子どもと楽しく遊ぶことです。

3歳未満の子どもの特徴の第一は、お母さんとの情緒的な結びつきを強く求めて、お母さんにからだで甘えることです。からだでの甘えを受け入れてもらうことで、心の不安を解消しようとしているのです。ですから、お母さんはそれを受け入れてあげることが必要です。

抱っこ、おんぶ、ひざにのる、添い寝など、いろんなスキンシップがあります。中でも「添い寝」は母と子の情緒的な結びつきをつけるのにとても効果的です。「添い寝」のほかに、寝入るときにお母さんにそばについていてほしいと子どもは要求するでしょう。それによって安定した気持ちで眠りにつこうとしているのです。ですから、子どもといっしょに横になって、お話をしたり子守唄を歌ってあげたりすることが大切です。

お母さんが疲れているときは子どもの横で眠ってしまってもよいのです。子どもはお母さんのからだのどこかに自分のからだの一部をくっつけて、安心して眠りにつくでしょう。

なにがなんでも独立心を――とあせっているお母さんは、どうしても子どもの甘えを拒否しがちで、子どもの情緒を不安定にするものです。そのことをいつも頭に入れて子育てをしていきましょう。

24話

しつけ
慕われてこそ

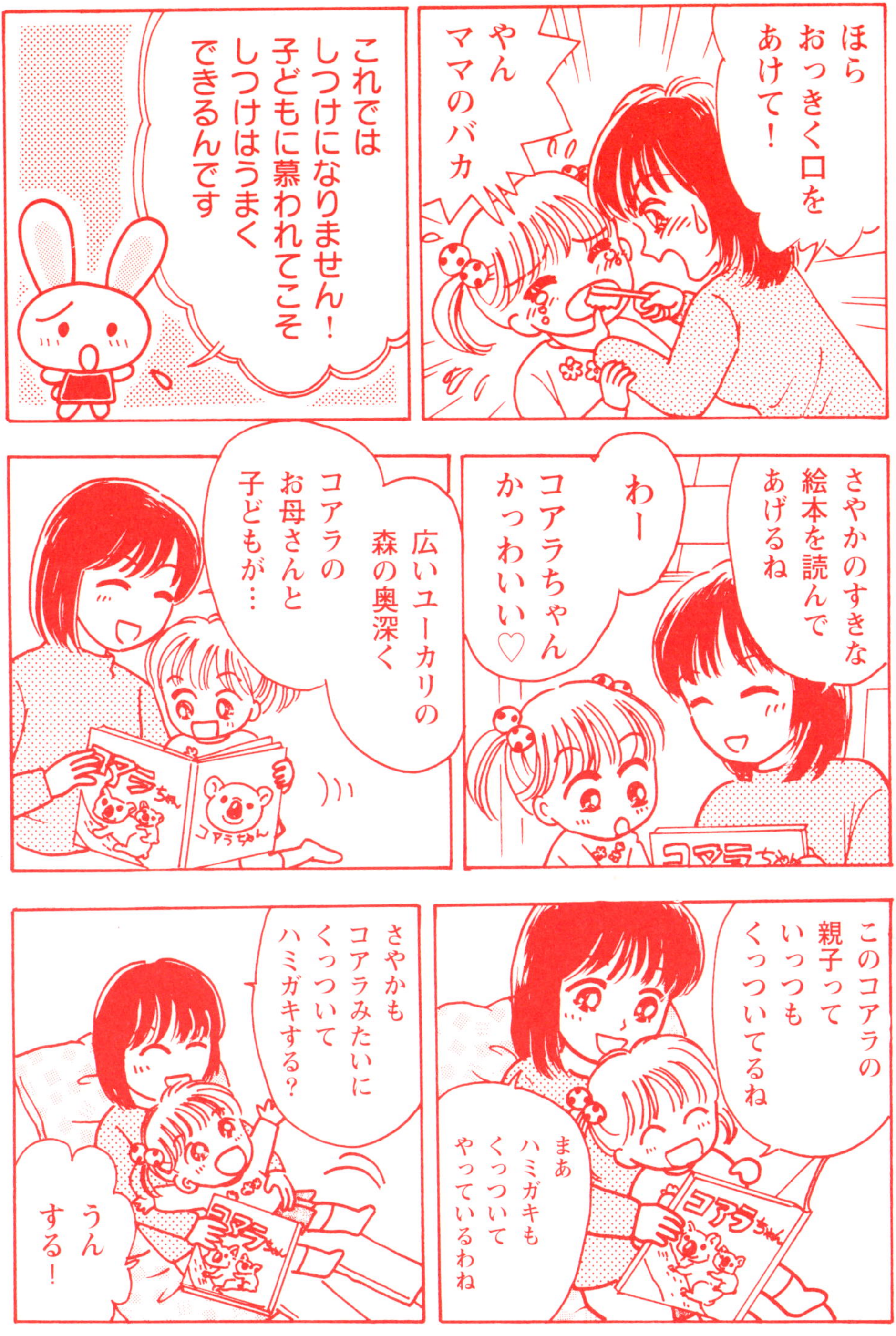
ほら おっきく口を あけて！
やん ママのバカ
これでは しつけになりません！ 子どもに慕われてこそ しつけはうまく できるんです
さやかのすきな 絵本を読んで あげるね
わー コアラちゃん かっわいいい♡
コアラちゃん
広いユーカリの 森の奥深く コアラの お母さんと 子どもが…
コアラちゃん
このコアラの 親子って いっつも くっついてるね
まぁ ハミガキも くっついて やっているわね
コアラちゃん
さやかも コアラみたいに くっついて ハミガキする？
うん する！
コアラちゃん

24話

しつけ――慕われてこそ

生活習慣のしつけは急がないで。厳しくしつけると冷たい心の子どもに。

手洗い、食事、歯みがき、衣服の着脱などの生活習慣のしつけは、決して急がないことです。

しつけを急ぎますと、子どもはそれに従ってくれないので、お母さんとしてはしかることが多くなってしまいます。その結果、お母さんと子どもとの間の情緒的な結びつきにはひびが入ってしまいます。

厳しいしつけをしますと、親の望むとおりにいうことを聞くようになる子どもがいますが、それは怒られないためにカッコをつけているにすぎません。心は冷たくなり、それがあとになって、とくに思春期以後になって爆発する危険性があります。

厳しいしつけは、親の温かい心にふれないまま成長する子どもを作り出していきます。親の温かい心にふれることのできない子どもは、親を慕いません。それは、3歳未満ですでにからだで甘えることをしない子どもの姿となって現れます。

ところが、その点を知らないお母さん・お父さんは、独立心のある子どもと思って満足していることがあります。私はこれをにせの独立心の現れといっています。子どもは心の奥では、抱っこやおんぶ、さらに添い寝をしてもらいたいと思っているのですが、からだで甘えるとしかられたり拒否されたりしてしまうことを経験しているので、がまんをしているのです。その証拠に、からだで甘えることを許されるとベタベタに甘えるようになるものです。

からだでお母さんに甘えることのできないようにしておいてしつけを急ぐと、子どもはお母さんを冷たい人と思っていろいろと抵抗を示します。

子どもに慕われなくては、しつけはうまくできません。

25話 基本的欲求と物質的欲望

ママ
だっこ

ママ
だーい好き
ママも
大好きよ♡
えへへへ♡
基本的欲求は
十分に満たして
あげましょう
でも
物質的欲望は
制限するように!
チョコレート
ちょうだい
3時の
おやつに
食べようね
今食べる
3時の
おやつにね
今
チョコレート
食べたいの!
3時の
おやつにね

3時になったらチョコレート食べていい？
えーとえーと
もちろんよ ホットミルクもいっしょにね♡
ところが
チョコレートちょうだい
今はだめ！3時のおやつに食べようね
やだ！
今食べたい
すぐ食べたい
チョコレート食べたいっっ
しつこいわね 一つだけよ
わーい♡
しつこくねだればもらえるんだ！
大きくなって
ゲーム買うから6千円ちょうだい
6千円!? クリスマスまで待ちなさい
クリスマスまで待てないよ
ダメダメ クリスマス！
いやだ！すぐほしいから6千円よこせ！
ボカボカ
どうしてこんな子に…

25話

基本的欲求と物質的欲望

愛情を求める気持ちはいつでも十分に満たしてあげる。

子育てにとって大切なことは、子どもの基本的欲求は十分に満たしてあげる一方で、欲望には制限があることを教えなければならないことです。

基本的欲求とは、愛情を求める気持ちとか、認められたい気持ちです。欲望というのは主として物質的欲望とか金銭的欲望です。

お母さんにからだで甘えたいという要求は、順調に情緒が発達しており母子関係が成立している子どもの場合には、思春期になるまで続きます。小学生になるとひざの上にのることは少なくなりますが、お母さんが座っているとからだを寄せてきたり、肩を組んだりして甘えてきます。そのときにはそれを受け入れてあげましょう。からだで甘えてくるときには、たとえば先生にしかられたとか、友だちとけんかしたとか、子どもの心にはなんらかの不安があるはずです。その点について問いただす必要はありませんが、じっと抱いたり肩を組んだりしてあげましょう。それによって子どもの不安は解消され、自分のことを自分で解決する力（自己処理の能力）が育つのです。

お菓子がほしい、ジュースがほしい、おもちゃがほしい——といった物質的要求に対しては、日時を決めて与え、きちっと制限をする必要があります。

そのときの親の態度としては、態度を変えないで、どうしてもダメだということをわかってもらうことです。もし、子どもの要求がうるさくなって、「一つだけよ」などといって与えてしまうと、だんだん要求はしつこくなります。

子どもの物質的な欲望は、それを満たしてしまっている限り、際限なく強くなるものです。この点は1歳から2歳のときにきちっとけじめをつけておくことが、わがままを防ぐのに役立ちます。

また、物質的・金銭的な欲望をがまんする力を養うためには、すぐには買ってもらえなくても、がまんすれば買ってもらえる——という見通しを与えることが必要です。それがないと、「拒否」ということになり、子どもは希望を失ってしまいます。

買って♥
あなたステキなバッグが売ってたの〜♡
誕生日にね

26話

失敗から学ぶ

そこ凍っているから走るところぶわよ
だいじょうぶ

わわわっっ
すってん
ツルリ
えーん
次からは
そろそろり
そろり
午後から雨になるわよカサもっていきなさい
いいよ降ってないから
ただいま〜
びっちゃり

くもり のち雨
今日は カサもって 行かなきゃ
カサに入れて あげるよ
ありがとう
子どもは たくさんの失敗を くり返しながら 発達をします
大きくなって
山田さん
今日のライブ いっしょに 行きませんか?
ごめんなさい
ショック
今日は 用事があるの またさそって ください
山田さん 来週の金曜なら いかがですか?
その日なら だいじょうぶ 行きます
やった!

26話

失敗から学ぶ

お母さん、失敗を恐れないで！子どもはたくさん失敗をして賢くなる。

社会に適応して生きていく能力、つまり「生きる力」を発達させるためには、なによりも子どもにいろいろな体験をさせることが必要です。中でも失敗の体験が非常に大きな意味をもちます。子どもは失敗することによって、からだで覚えていくのです。たくさん失敗をすることによって、経験が豊かになるのです。

子どもが何か新しいことに挑戦する場合、うまくいかないことの方がむしろ普通です。つまり、子どもは失敗する存在なのです。何度も失敗することによって、だんだんうまくできるようになるのですし、失敗からいろいろなことを学んで賢くなるのです。

そのことを理解しないお母さんは子どもが失敗するのを恐れて、失敗しないように子どもにうるさくいい聞かせたり手を貸したりして、子どもが失敗できないようにしてしまいます。子どもは人生経験に必要な失敗をさせてもらえないのです。

その結果、子どもは失敗を恐れるようになり、失敗をしそうな新しいことには挑戦しなくなってしまいます。

その点で、子どもに失敗をさせないようにと先回りして手を貸してしまうお母さんは、子どもの「生きる力」を育てることができません。

また卵焼きがまっ黒
失敗したママすき！♥
ポン
まっくろ
？
A

27話 しかる？かわいがる？

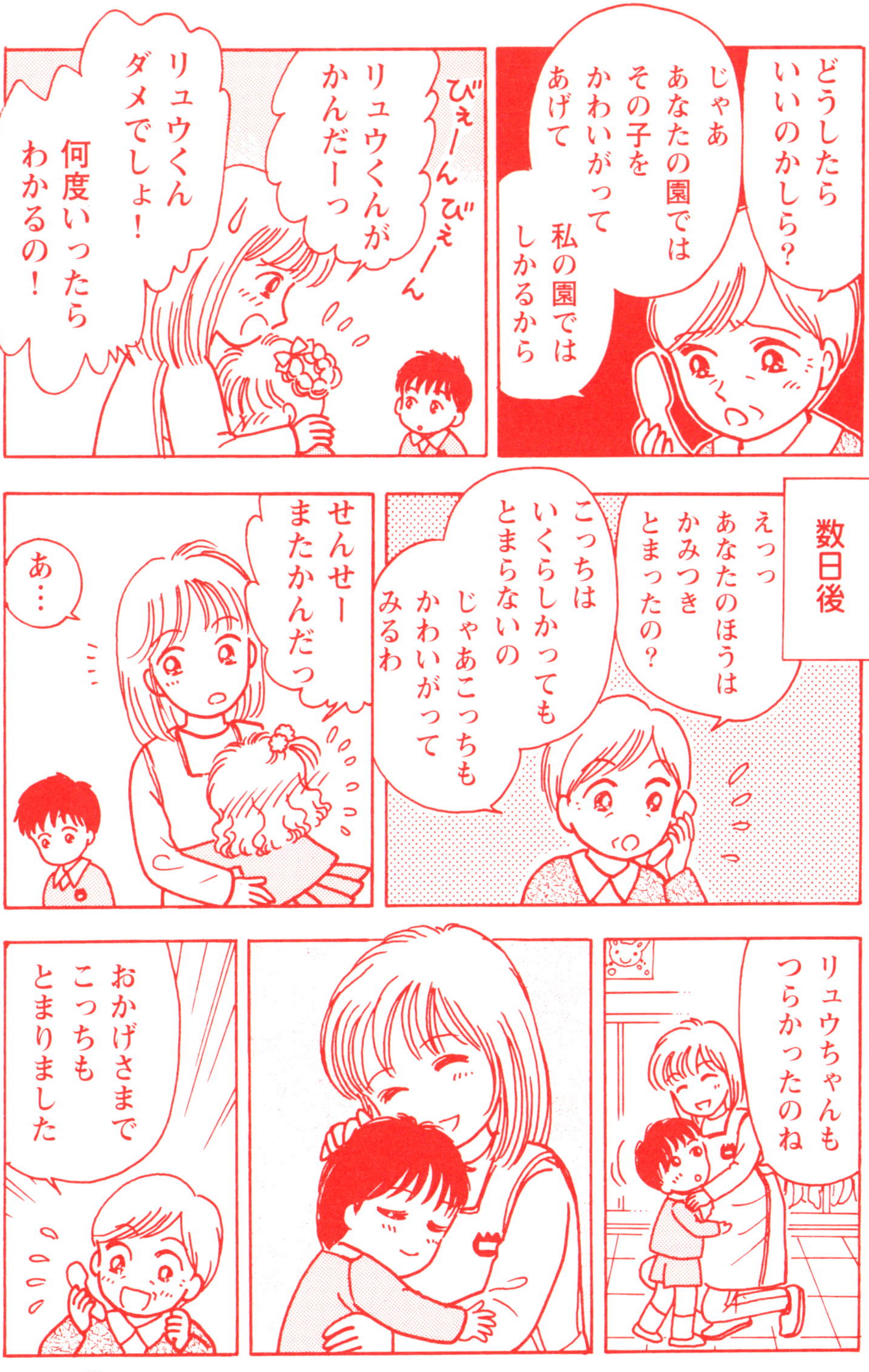

どうしたら いいのかしら？
じゃあ あなたの園ではその子をかわいがって あげて 私の園ではしかるから
びぇーんびぇーん
リュウくんがかんだーっ
リュウくん ダメでしょ！ 何度いったらわかるの！
数日後
えっっ あなたのほうはかみつき とまったの？
こっちは いくらしかっても とまらないの じゃあこっちも かわいがって みるわ
せんせー またかんだっ
あ…
リュウちゃんも つらかったのね
おかげさまで こっちも とまりました

27話

しかる？　かわいがる？

子どもの困った行動には、しかるよりかわいがる方が効果的。

お母さんもお父さんも、子どもを相手にするとなると、子どもの失敗やその他のバカな行動に対して責めたくなるのではないでしょうか。それが「しかる」という行動になって現れてしまいます。

その理由として、子どもをよくしたいという思いがあることをいうでしょう。しかし、子どもをバカでなくするためには、責めてはダメなのです。しかってはダメなのです。

責められたりしかられたりしているときの子どもは、緊張していますし、しかられることから逃れたい気持ちが動いていますから、しかられていることの内容を理解することができなかったり、内容をまったく覚えていないことさえあるのです。

しかも、恐怖心だけが残り、それが心のしこりになってしまうのです。

前のマンガは保育研究者の本吉圓子《まとこ》さんの実践例ですが、本吉さんの保育園に、かみつくくせのある1歳児が入ってきたのです。「どうしようか」と職員会議をやっているところへ、別の保育園から「かみつく子が入ってきて困っている」という電話があったのです。

そこで本吉さんは「あなたの園では徹底的にかわいがってみてください。こちらではしかってみます」といって、片方の園ではかわいがる、片方の園ではしかる、という正反対の方法をとってみたのです。

そうしたら、しばらくして、かわいがったほうの園から「かみつきがとまりました」と知らせてきたのです。本吉さんの園では、いくらしかってもかみつきはとまらなかったのです。そこで、かわいがるように方法を変えたら、かみつきはとまったということです。

子どもの困った行動に対して、しかってやめさせようとすることがいかに無効であるかをはっきりと示したものということができるでしょう。

子どもは受け入れられ、かわいがられると、自分から行動を変えていくのです。

28話

下の子が生まれたら

びぇ〜〜ん
びぇ〜〜ん
なにやってるのおねえちゃんでしょ！
上の子は今まで親の愛情や世話を一身に受けてきたのに突然あらわれた下の子にそれを奪われつらいさびしい思いをしているのです
ママがミキをかまってばかりでマユはさびしかったのね
…うん
ママもパパもマユのこと大好きよ
いっっぱい甘えていいのよ
ママ
びぇーん
びぇーん
あっ
ミキちゃん
ママ早く行ってあげて
いいの？
泣いててかわいそうだもん

28話

下の子が生まれたら
上の子の苦しさをわかってあげましょう。

兄らしさ、姉らしさの気持ちが芽ばえるのは4歳ぐらいからです。その気持ちも少しずつゆっくりと育っていくわけですから、年齢差が少なくて下の子が生まれたときに、「お兄ちゃんでしょ、お姉ちゃんでしょ」といって、上の子にからだでの甘えをがまんさせるのはかわいそうなことです。

下の子が生まれたときは、お母さんの世話がどうしても下の子に集中します。しかし、いままでお母さんの世話を独り占めにしてきた上の子にとっては、お母さんを突然下の子に奪われてしまったわけで、それはとうてい納得できないことなのです。そこで、上の子は下の子と同じようにお母さんに世話をしてもらいたい気持ちが無意識のうちに働いて、赤ちゃんがえりをするのです。哺乳瓶で飲みたがったり、赤ちゃん言葉になったり、おもらしが始まったり……。

これは上の子の苦しさの表れなのです。ですから、上の子のからだでの甘えは、子どもが求めてきたときにはいつでも受け入れてあげて、上の子の情緒を安定させることに努めてください。

年齢の差が少なくて下の子が生まれたときには、私は、ふた子がいると思ってお育てなさい——とおすすめしています。

上の子に対して、赤ちゃんを育てる気持ちで育ててください——ともいっています。

おいちい?
こっちのおっぱいはお兄ちゃんのよ
いいよ
てへ てへ
ぼくのも赤ちゃんにあげるよ

29
話

遊び食べ

ごはんよー
ガタン ゴトン
ガタン
はーい

わーい おうどんだ♡
おいしー
ガタン ゴトン
ガタン ゴトン
しゅん 遊ばないで ちゃんと 食べなさい!
ビクン
はーい

もう手づかみで食べないの！
つる つる
ダメ！まだ食べる
しゅん
食べないんならかたづけますよ
発車しまーす
ガタンゴトン ガタンゴトン
じゃあおしまいにしましょ
え
ささっ
ちゃんと食べるから
もー遊ばない
うるうる
晩ごはんのときにしっかり食べようね
ガーン

29話

遊び食べ

遊び始めたら食事を終わりにする。食事の強制は食べる意欲を失わせます。

食事に時間のかかる子どもにも、さまざまな状態があります。食事中に遊びを思いつき、その遊びを始めてしまうので、全体が終わるまでに時間のかかる子どもがいます。「片付けてしまいますよ」と脅せば食卓に戻ってきますが、おもちゃはもってきているのでまた遊び始めてしまいます。

このような子どもは、食べることに対して意欲がないのですから、強制しないで「もう終わりにしよう」といって料理を片付けてしまい、「食べたい」と泣きべそをかいたら、「次のお食事のときにたくさんあげる」と約束すればよいのです。なんとかして食べさせようとして「片付けますよ」という言葉を脅しに使うのはよくありません。お母さんの言葉を信頼しなくなるからです。

また、全般的にぐずぐず食べている子どもは、真の食欲のない子どもであって、これまでに食事を強制されてきたために、食事そのものに意欲を失っている子どもです。おそらく離乳期からそのような状態が続いているはずで、お母さんはなんとかしてたくさん食べてもらって、発育のよい子どもにしたいと願っているはずです。子どもの発育には個人差があり、大きい子どもがいるのに対して小さい子どももいて、それが発育の「個性」であることを知っていないか、育児書の体重の平均値にとらわれているかのいずれかです。

また、食事量にも個人差があり、たくさん食べる子どもがいるのに対して少食で足りている子どももいます。からだが小さくしかも少食な子どもがいますが、案外病気をしないものです。そのような子どもに食事を多く与えようとすると、食事そのものに興味を失ってしまいます。むしろ経済的な子どもなのだと腹を決め、少量であってもよいから栄養素のバランスを考えてあげればよいのです。

体が小さいと
食費がかからないし
電車もタダだし
友だちの服ももらって着れるし
いっぱい
抱いてもらえるし…
あーあ いいことだらけ！

30話 お金で孫を釣らないで！

おじいちゃん おばあちゃん 遊びにきたよ
ぴょん ぴょん
おお りょうか よくきたな
りょうが ほしがってた 新幹線だぞ
ありがと♡
わーい
アイスに チョコレート 買ってあるわよ
おじいちゃん ほしいゲームが あるんだけど ママが買って くれないの
そうか それいくら なんだ？
2千円
よーし おじいちゃんが 買ってやろう
やった♡ おじいちゃん 今から買いに 行こーよ
おじいちゃん 困ります
いいじゃないか ケチケチ しなさんな
はっはっは
そうだそうだ
はっは

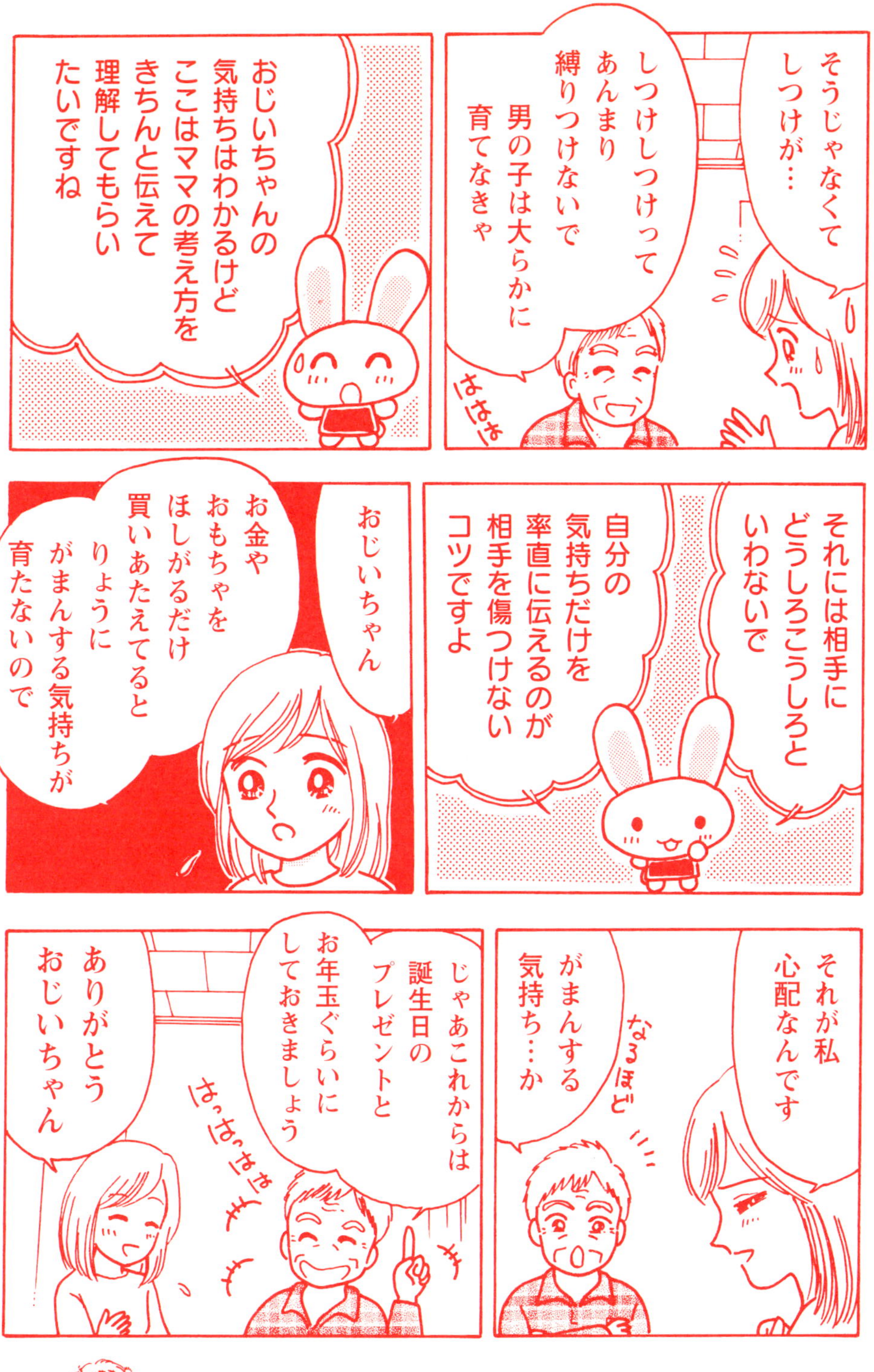

そうじゃなくて しつけが…
しつけしつけって あんまり 縛りつけないで 男の子は大らかに 育てなきゃ
ははは
おじいちゃんの 気持ちはわかるけど ここはママの考え方を きちんと伝えて 理解してもらい たいですね
それには相手に どうしろこうしろと いわないで
自分の 気持ちだけを 率直に伝えるのが 相手を傷つけない コツですよ
おじいちゃん
お金や おもちゃを ほしがるだけ 買いあたえてると りょうに がまんする気持ちが 育たないので
それが私 心配なんです
がまんする 気持ち…か
なるほど
じゃあこれからは 誕生日の プレゼントと お年玉ぐらいに しておきましょう
はっはっはは
ありがとう おじいちゃん

30話

お金で孫を釣らないで！

孫の相手をして遊べば、親は助かります。

おじいちゃん・おばあちゃんは子育てにどのように関わったらいいのでしょうか。

まず第一に、お金やおもちゃで孫を釣ろうとしないことです。

おもちゃやお金を与えれば孫は喜びます。喜ぶ顔を見たい――という気持ちはわかりますが、それは年寄りのエゴというもので、それが子どもの人格形成のためによいかどうかを考えてみることは忘れてはなりません。年寄りが孫のほしがるままに物やお金を与えたために、物欲・金銭欲が強くなった子どもたちが、思春期以後になって親に物をねだり、聞き入れられないと親に暴力をふるうというケースを私はたくさん扱ってきました。そのときには、年寄りはこの世にいなかったり、別居したりしているという例が多く、親たちだけが泣いているのです。

第二に、親たちの育て方を大切にしてほしい――ということです。

若い両親の子育てに、できるだけ口を出さないように心がけてほしいのです。とくに、嫁であるお母さんの子育てについて気になることがあったとしても、それをいいますと、どうしても非難と受け取られてしまいます。そうしますと、おじいちゃん・おばあちゃんとお母さんの間に不満な心が残り、それが子どもにも影響することになります。

おじいちゃん・おばあちゃんが若い両親の子育てを援助するためのいちばんいい方法は、孫と楽しく遊ぶことです。孫の相手をして遊んでいる間、お母さんは家事や自分のしたいことができますから、それが大きな援助になるのです。

31話 バカ母ちゃん・バカ父ちゃんのススメ

私の母ちゃんは
バカです
ドキッ

いい天気
せんたく日和
おーい
煮物から
ケムリだぞ
ポイッ
わ〜
たいへーん
せんたく物は
泥だらけ
煮物は
黒こげ
あーあ
バカだなぁ
ワハハ
ワハハハ
ごめんね
父ちゃん
かんべんね
ワハハー

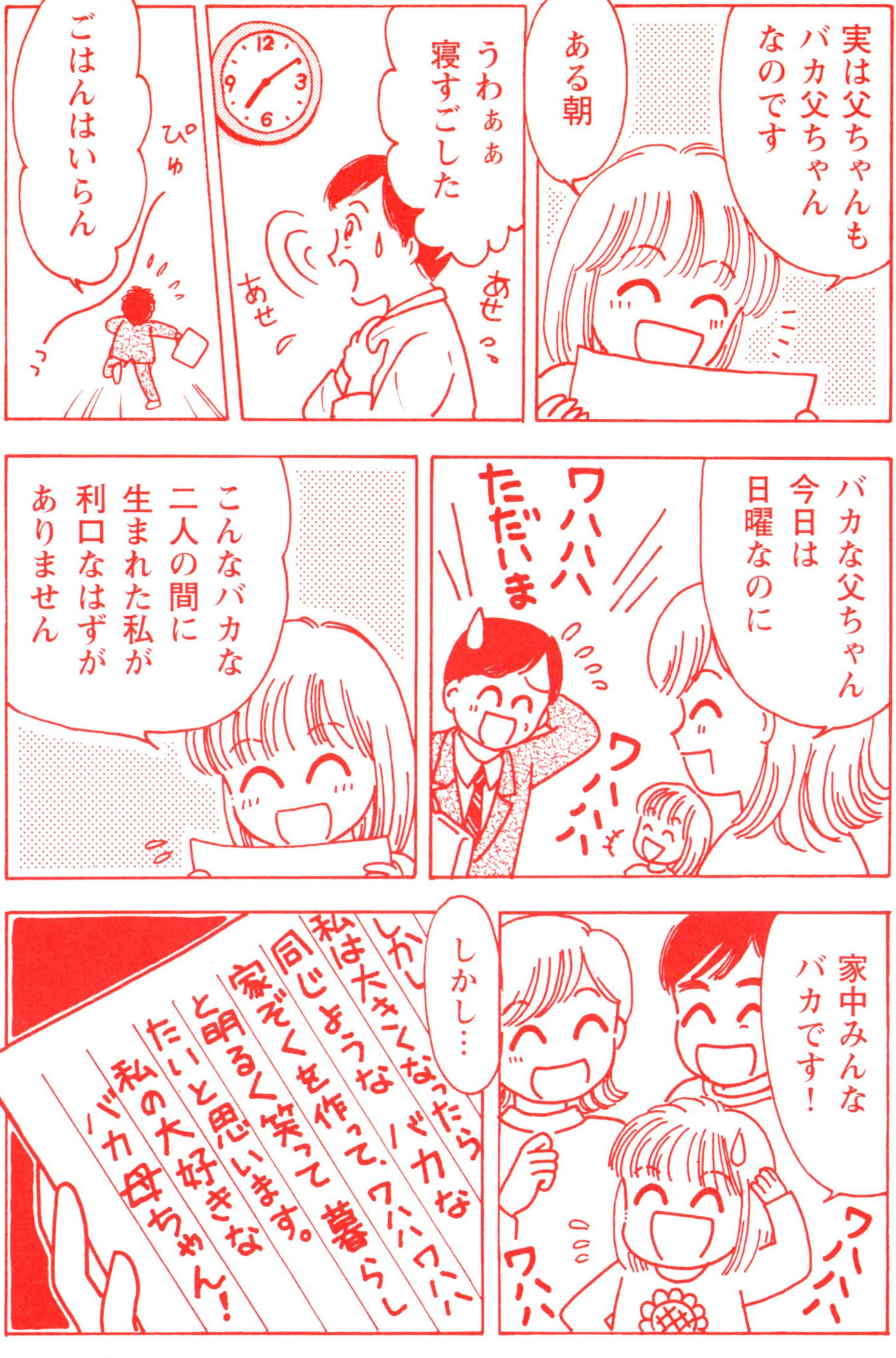
実は父ちゃんもバカ父ちゃんなのです
ある朝
うわぁぁ寝すごした
あせ
あせ
ぴゅ
ごはんはいらん
バカな父ちゃん今日は日曜なのに
ワハハハ
ただいま
ワハハハ
こんなバカな二人の間に生まれた私が利口なはずがありません
家中みんなバカです！
ワハハハ
ワハハ
しかし…
しかし
私は大きくなったら
同じような バカな
家ぞくを作って、ワハハワハハ
と明るく笑って 暮らし
たいと思います。
私の大好きな
バカ母ちゃん！

31話

バカ母ちゃん・バカ父ちゃんのススメ

子どもの「バカ」を笑って見ていられる親になってほしい。

前のマンガは小学5年生の少女が発表した「私のカアさん、バカ母ちゃん」という作文をマンガにしたものです。以前私がＮＨＫラジオの電話相談をしていたときに、私の相手をしてくださっていた相川浩アナウンサーが『親と子』という雑誌にこの作文を書かれました。

人間にはいろいろな欠点があります。そうした欠点をなおそうとして責めることが教育でありしつけであるように考えているお母さん・お父さんが少なくないと思いますが、これが大きな誤りです。自分にも欠点のあることを認め、しかもそれが家族の者から許容されることによって、少しずつそうした欠点がなおっていくものなのです。

それぞれがたくさんの欠点をもっているお母さん・お父さんですから、その欠点をお互いに許しあっていれば、夫婦げんかは生じません。そのような親たちが子どもの教育に当たっているのですから、子どもの欠点を許容すべきですし、それを許容する気持ちになれば、子どもをしかる気にはなれないでしょう。

子どもはしょっちゅう「バカ」なまねをしながら成長していく存在だから、その「バカ」さ加減を笑って見ていられるようになれば、おおらかなお母さん・お父さんに変わっていくものです。

もう一度、「バカ」ということについて考えなおしてみてはどうでしょう。「バカ母さん」「バカ父さん」になることを考えてみてはどうでしょう。つまり、古い時代の「賢母」の衣をかなぐり捨てて、「愚母」になってはどうでしょう。

32話

どの子もスキンシップを求めている

仔馬は母馬にスリスリ
スリ
スリ
スリ
子パンダもお母さんにスリスリ
スリ
スリ
スリ
人間の子どももお母さんにスリスリ
スキンシップで情緒安定
スリ
スリ
おんぶにだっこ添い寝にひざにのっかる
小学生になってもスキンシップ
体を寄せる肩を組む
不安解消

中にはスキンシップを求めない子どもも
さりげなく
耳そうじしようか？
スキンシップをしてあげると…
スキンシップを強く求めるように
ベタベタベタベタ…
今までの不足分を取り戻しているのです！
そうして甘えが十分に満たされたら自分から離れていけるように

32話

しっかりスキンシップをすることで多くの問題が解消していきます。

どの子もスキンシップを求めている

しかりたくなったらスキンシップを——と、私は提言してきました。スキンシップとは、肌のふれあいを通じて子どもとの間に情緒的な結びつきを強めることです。それには抱っこやおんぶがありますが、わが国では添い寝が大きな役割を果たしてきました。私は1歳半から3歳までを「添い寝の時期」とさえ呼んでいます。

添い寝は、親と子どもの間の情緒的な結びつきをつけるためには非常によい方法で、私はとくに問題をもっている子どものお母さんに添い寝をおすすめして、問題の解消に効果をあげています。

3歳になるまでは、お母さんにからだで甘えること、つまり、抱っこやおんぶや添い寝を要求する子どもが「よい子」ですし、それを受け入れてあげることのできるお母さんが「よいお母さん」です。

つまり、お母さんにからだで甘えることのできる子どもは、情緒が安定しており、お母さんを「心の基地」にしていますから、思春期以後になって家出をしたり、非行に走ったりすることはありません。

非行に走る子どもは、心に基地をもっていないのです。それは、3歳になるまでに、さまざまな理由から、お母さんとの間にスキンシップが実現できず、その後においてもその機会がなかったからです。

原作
平井信義（ひらい・のぶよし）
大妻女子大学名誉教授・医学博士
スキンシップということばを初めて日本に紹介し広めた、子育て研究の第一人者。スキンシップで母と子の心をしっかり結びつけながら、意欲と思いやりの心を育てるという子育て法をやさしく書いた『「心の基地」はおかあさん』は数多くのお母さんたちから熱い共感と支持を得て、140万部超のベスト＆ロングセラーになる。

マンガ
大谷美穂（おおたに・みほ）
秋田書店の月刊『ひとみ』でデビュー。小１の女の子、年長の男の子の２児の母。子どもができてからは育児マンガを専門に描くようになる。温かく実感あふれる育児マンガが好評を博し、今年から育休宣言の看板を外して、執筆を再開中。

編集／海野 洋一郎
編集協力／株式会社レッカ社 森 富士夫
カバー・本文デザイン／寒水 久美子
DTPオペレーション／株式会社明昌堂

子育てマンガ「心の基地」はおかあさん

発行日	2006年4月27日　初版 2010年4月16日　第4刷　発行
原　作	平井 信義
マンガ	大谷 美穂
発行人	坪井 義哉
発行所	株式会社カンゼン 〒101-0021 東京都千代田区外神田2-7-1　開花ビル4Ｆ TEL 03（5295）7723 FAX 03（5295）7725 http://www.kanzen.jp/ 郵便振替 00150-7-130339
印刷・製本	株式会社リーブルテック

ISBN 978-4-901782-77-7
Printed in Japan
定価はカバーに表示してあります。

ご意見、ご感想に関しましては、kanso@kanzen.jpまでEメールにてお寄せ下さい。お待ちしております。